LA MORT DE CHRISPE,

OV

LES MALHEVRS DOMESTIQVES DV GRAND CONSTANTIN.

PAR LE Sr TRISTAN L'HERMITE.

A PARIS,
Chez CARDIN BESONGNE, au Palais, sur la montée de la saincte Chapelle, aux Roses vermeilles.

M. DC XXXXV.

A MADAME
LA
DVCHESSE
DE CHAVNE.

adame,

Vous auez porté si hautement cet
Ouvrage de Theatre, en l'honorant

EPISTRE.

de voſtre veuë & de voſtre eſtime, que ſa reputation pourroit décroiſtre s'il ne portoit point voſtre Nom. l'oſeray donc vous le conſacrer comme à l'Aſtre qui preſidant à ſa naiſſance, luy a donné par vne celeſte impreſſion tout ce qu'il a de plus agreable. Certainement, MADAME, s'il y a rien de delicat en cette Peinture, c'eſt ſeulement aux endroits que vous auez daigné retoucher : c'eſt aux lieux où i'ay ſuiuy de plus prez la iuſteſſe de vos penſées.

Il faut confeſſer que vos ſentimens ſont tous pleins de lumiere & de magnificence ; & qu'il n'y a point de productions d'Eſprit ſi acheuées, à qui vous ne peuſſiez donner des graces nouuelles, s'il vous plaiſoit de les embellir. Pour moy, MADAME, dés l'inſtant que i'eus l'honneur de vous voir & de vous entendre parler, ie

EPISTRE.

me trouuay tout surpris à l'objet d'vn si grand recueil de differentes beautez: Ie fus tout esbloüy de l'eclat d'vn si merueilleux Chef-d'œuvre de la Nature. Et vous me sistes iuger fauorablement de l'opinion de ces Philosophes qui veulent marier necessairement la beauté de l'Ame à celle du Corps : ne pouvans s'imaginer qu'vn beau Palais ne loge toûjours vne belle Hostesse.

I'aperceus lors auec admiration les auantages que l'Esprit tire d'vn beau sang, & quelles dispositions il reçoit de la perfection de ses organes.

En obseruant la grandeur de vostre merite, il m'eust esté impossible de pouuoir douter de la grandeur de vostre naissance; Il fut aisé de me persuader que vous sortez de ces grands Heros dont le Nom enrichit l'Histoire : de ces genereux Gaulois qui ne balan-

EPISTRE.

goient point à tirer l'épée contre le premier des Cesars, & se trouuoient auoir assez de cœur pour vouloir defendre vn coin de terre contre le Conquerant de tout le reste de l'Vniuers.

Ce furent ces beautez & ce grand éclat, MADAME, qui me firent en vn moment mépriser pour vostre seruice, ce que i'estimois auparauant plus que toutes choses. Cette liberté qui est si chere à tous les hommes, & sans qui toutes les douceurs de la vie deuiennent ameres.

Aussi, MADAME, vous estiez capable de me faire trouuer de l'agrément dans vne seruitude plus contrainte. Ie ne receuois pas en vous vne Maistresse pour l'authorité seulement ; i'en rencontrois encore vne autre pour les belles cognoissances & les excellentes qualitez. Et seruir de cette façon, estoit moins ceder à la

Fortune

EPISTRE.

Fortune que ce n'estoit se soubmettre à la Vertu. Ie garderay donc le souuenir de cette auanture, MADAME, comme vne faueur de mes destinées, & n'auray iamais de qualité qui me soit plus chere que celle

MADAME,

De

Voſtre tres-humble & tresobeiſſant ſeruiteur

TRISTAN L'HERMITE.

EXTRAICT DV PRIVILEGE DV ROY.

PAR grace & Priuilege du Roy donné à Paris le dix-septiesme iour de Iuillet 1645. Signé, Par le Roy en son Conseil, RENOVART. Il est permis à CARDIN BESONGNE Marchand Libraire à Paris, d'imprimer ou faire imprimer, vendre & distribuer vne piece de Theatre intitulée, *La Mort de Chrispe, par le sieur de Tristan l'Hermite*, durant le temps & espace de sept ans, à compter du iour qu'il sera acheué d'imprimer : Et defenses sont faites à tous Imprimeurs, Libraires & autres, de contrefaire ledit Liure, ny le vendre ou exposer en vente à peine de trois mil liures d'amende, & de tous despês, dommages & interests, ainsi qu'il est plus amplement porté par lesditesLettres, qui sont en vertu du present Extraict tenuës pour bien & deuëment signifiees, à ce qu'aucun n'en pretende cause d'ignorance.

Acheué d'imprimer pour la premiere fois le vingtiesme Iuillet 1645.

Les Exemplaires ont esté fournis.

PERSONNAGES.

FAVSTE, femme de Constantin.

CORNELIE, Confidente de Fauste.

CHRISPE, Fils de Constantin, & beau-fils de Fauste.

CONSTANTIN le Grand, Empereur.

CONSTANCE, Fille de Licine, beau-frere de Constantin.

LACTANCE, Precepteur de Chrispe.

LEONCE, domestique de Chrispe, & parent de Cornelie.

PROBE, Capitaine des Gardes.

La Scene est à Rome dans le Palais de Constantin.

ARGVMENT DV
PREMIER ACTE.

1. FAuste s'entretient auec ses pensées sur la forte inclination qu'elle a pour Chrispe, dont le merite & la gloire ont fait vne grande impression dans son cœur : mais la consideration du crime qui se treuue en ses desirs, faict que la Honte ou la Vertu les étouffent dés leur naissance. 2. Cornelie la vient avertir de l'arriuée de ce ieune Prince, dont la visite la met en quelque desordre d'esprit. 3. Chrispe luy fait le recit d'vne bataille qu'il a gagnée contre Licine ; & la conjure en suite de vouloir porter l'Esprit de Constantin à donner la paix à son Alié; ce qu'elle promet d'entreprendre à sa priere, quoy qu'elle ait quelque pressentiment de l'amour que Chrispe a pour Constance.

LA MORT DE CHRISPE.

ACTE I.
SCENE PREMIERE.

FAVSTE.

OVX & cruels Tirans de mon ame in-
senſée,
Qui mettez tant de trouble en ma triste
penſée.
Cheres impreſsions qui cauſez ma douleur,
Jnimitables trais d'Eſprit & de valeur,

A

LA MORT

Belle Image de Chrispe où ie voy tant de gloire,
Ne t'emancipes plus d'errer en ma memoire,
Les loix de mon honneur t'en ont voulu bannir,
Et mon chaste dessein ne t'y peut retenir.
Sors Idole charmante, abandonne la Place,
Le desir te retient mais la Vertu te chasse,
Et treuue auec raison mes sens bien effrontez
De prendre tant de droit dessus mes volontez.
Ma Raison doit sur eux agir comme vne Reyne,
Et ne consentir pas d'estre mise à la chaisne :
Quel seroit son malheur s'il faloit que les siens
La fissent souspirer sous de honteux liens ?
Et que par leur raport de soy-mesme Ennemie
Elle quitast la gloire & cherchast l'infamie ?
Non, non, gardons-nous bien de faillir à ce point,
Nos Tiltres sont trop beaux ne nous degradôs point.

Ne reuenez donc plus tragiques réveries,
Sans doute vous sortiez de l'Esprit des furies,
Du feu de leurs tisons ie m'allois consumer,
Car le flambeau d'Amour ne pouuoit l'alumer ;
Que ne dois-je pas craindre, & qu'est-ce que i'espere
Si i'ose aimer le Fils estant femme du Pere ?
Quel crime à celuy-cy se pourroit comparer ?
En quels gouffres de maux seroit-ce s'égarer ?
Ce Prodige de mal tous les autres enserre,
C'est la haine du Ciel & l'horreur de la Terre;

DE CHRISPE.

C'est le plus noir poison dont l'honneur soit taché,
C'est un Monstre effroyable & non pas un peché.
　Mon Ame toutefois est encore flatée
De ces mesmes horreurs qui l'ont espouuantée:
Ie m'en sens tour à tour & brusler, & glacer,
Et ie ne les sçaurois ny souffrir ny chasser.
O passion trop forte! ô loy trop rigoureuse!
I'ay trop de retenuë & suis trop amoureuse;
Le Deuoir & l'Amour auec trop de rigueur,
S'apliquent à la fois à déchirer mon cœur:
Ie fremis tout ensemble & brusle pour ce crime,
La raison me gourmande & mon Amour m'oprime.
Mais il faut noblement acheuer son Destin,
Il faut viure & mourir femme de Constantin,
Iusques dans le Tombeau l'honneur & l'innocence
Seront les Compagnons de la sœur de Maxance,
Nul crime à ce beau Sang ne se peut reprocher,
Et i'ayme mieux cent fois mourir que le tacher.
Clair Soleil de mes yeux, delices de mon Ame,
Cher Objet de mes soins, beau sujet de ma flame,
Pardonne, aymable Chrispe, à la saincte pudeur,
S'il faut que ie t'offence en perdant cette ardeur,
C'est la seuerité qu'elle met en usage,
Qui ne me permet pas de t'aymer dauantage:
C'est le cruel effort de son rigoureux trait,
Qui de mon cœur timide efface ton Portrait;

A ij

LA MORT

Ie renonce par force à tant d'aymables charmes,
Et ne romps auec toy qu'auec beaucoup de larmes:
Ma resolution me comble de douleurs,
I'en appelle à tesmoin ces souspirs & ces pleurs:
Cher Chrispe, de ces pleurs ie te fais vne offrande,
Fauste ne peut te faire vne faueur plus grande.

SCENE II.

CORNELIE, FAVSTE.

CORNELIE.

Madame.

FAVSTE.

On a tousiours quelque fascheux propos,
Ne peut-on me laisser vn moment en repos?
Qu'as-tu donc à me dire? & qu'est-ce qu'on demãde?
Ton importunité n'en sera pas plus grande.

DE CHRISPE.

CORNELIE.

Chrispe est à cette porte.

FAVSTE.

Ah Chrispe, il peut entrer :
Mais suis-je en vn estat à me pouuoir montrer ?
Demeure Cornelie ; ô Dieux ! à cette veuë
On me verra changer, ie seray toute émeuë,
Ie devrois éuiter ce fatal entretien :
Retourne, & luy dis que-- Mais non ne luy dis rien.
Va donc; arreste encore.

CORNELIE.

Entrera-t'il, Madame,

FAVSTE.

Dy luy qu'il peut entrer : r'asseure-toy mon Ame,
Dissipe promptement cette confusion,
I'ay besoin de ta force en cette occasion,
Tu vas aperceuoir vne grace infinie,
On te voudra rauir, mais tien-moy compagnie.

A iij

SCENE III.

FAVSTE, CHRISPE.

FAVSTE.

ET bien, ieune Cesar, c'est par vostre Vertu
Que l'Empire aujourd'huy void son Hydre abatu:
Vous auez fait cesser nos matieres de larmes,
Le rebelle Licine a fait joug à vos armes,
Et ce bras glorieux qu'il voulut esprouuer,
L'empesche pour iamais de se plus releuer.
Vous voyant si bien fait, & si vaillant encore,
La Thrace vous a pris pour le Dieu qu'elle adore,
Elle s'en va vous mettre au dessus des Autels,
Et placer vostre Image entre les Immortels:
Car de si grands Exploits, & qui sont sans exēples,
Ont vrayment merité des Autels & des Temples.

CHRISPE.

Madame, tout l'honneur de cet heureux destin,
Se doit attribuer au Sage Constantin ;
Pour faire des progrez, dont la Terre s'estonne,
On n'a presque besoin que des Ordres qu'il donne :
Ils sont tousiours si beaux, & sont si bien conceus,
Qu'on a demy vaincu quand on les a receus.
Cet illustre Empereur, ce Miroir des grands Princes,
Peut de son Cabinet conquerir des Prouinces,
Enuoyer la Victoire au bout de l'Vniuers,
Et se faire amener des Rois chargez de fers :
Il s'est voulu seruir de mon obeyssance,
Et ses Commandemens ont fait voir sa puissance.

FAVSTE.

Ses Ordres font ainsi trembler les reuoltez,
Quand par vn si grand Prince ils sont executez :
Mais ie douterois fort qu'entre les mains d'vn autre
Ils eussent vn succez, qui fust pareil au vostre.

CHRISPE.

C'est en continüant les traits de vos bontez.

FAVSTE.

Ie ne vous flate point, ce sont des veritez.

CHRISPE.

Vostre ame à m'obliger est trop accoustumée.

FAVSTE.

*Ie ne parle de vous qu'apres la Renommée :
Mais contez-moy comment le tout est arriué,
Et de quelle façon Licine s'est sauué.
Ie n'en ay rien apris qu'en paroles confuses,
Ne vous preparez point à me payer d'excuses,
Mon desir curieux ne se doit point trahir.*

CHRISPE.

*Puis qu'il vous plaist, Madame, il faut vous obeyr.
  Licine à la Campagne exprimoit tant d'audace,
Qu'il en faisoit trembler tous les Monts de la Thrace:
Tous ses Fleuues estoient, ou taris ou troublez,
Du nombre des Soldats qu'il auoit assemblez.
La Grece toute entiere auec l'Esclauonie,
Tous les Peuples du Pont, tous ceux de l'Armenie,
De mille Pauillons, & de mille estendars,
Occupoient en son nom le Domaine de Mars :
Mais pour nous menacer d'vn furieux Orage,
Il sembloit que Mars mesme occupoit son courage.
Comme nous fûmes prests de voir venir aux mains,
Les Peuples d'Orient auecque les Romains,*

Ie

Ie l'aperceu d'vn haut excitant la tempeste,
Vne plume touffuë ondoyoit sur sa teste,
Et ses yeux qui brilloient sous vn front asseuré,
Eclatoient à l'enuy de son armet doré :
Sur vn cheual superbe & beau par excellence,
Qui s'emportoit par fois d'vne noble insolence ;
Il alloit donner l'ordre, & visiter les rangs
De ce Corps composé de cent Corps differans ;
Où la plus grande part qu'auoit armé la crainte,
Et qui n'obeyssoit qu'aux loix de la Contrainte ;
Fit assez bonne mine au poinct qu'on se batit,
Fit ferme quelque temps, & puis se dementit.
  Ie ne vous diray point comme les miens donnerent,
Ny quel fut le peril où nos Aigles volerent :
Cinq ou six cens drapeaux à l'abord emportez,
Ont peu vous annoncer ces belles veritez.
Vous auez bien apris que par cette saillie
Quasi tout l'Orient plia sous l'Italie :
Et comme la fureur de nos premiers efforts
Fit tomber deuant nous cinquante mille morts ;
Quand le reste pressé d'vne honteuse enuie
Lâcha soudain le pied pour conseruer sa vie.
  Licine cependant, accablé d'Ennemis,
Fut vaincu seulement, & ne fut point soûmis ;
Il r'alia vingt fois quelque Caualerie,
Et reuint au Combat auec tant de furie,

B

Qu'il eust sur nostre Camp renuersé le malheur
S'il eust eu la puissance égale à la Valeur.
De mesme qu'vn Lion que vingt Chasseurs talonnēt,
Et que le bruit des chiens & des Trompes qui sonnēt
Menacent hautement d'vn asseuré trespas,
Regagne la Forest, mais c'est au petit pas;
Tourne souuent la teste, & fait voir sur sa trace
Que sa crainte est petite aupris de son audace.
Ainsi ce grand Guerrier des siens abandonné,
Se sauua deuant nous, mais sans estre estonné,
Tournant par fois vn front où l'audace portraite
De quelque illustre coup honoroit sa retraite:
Il menaçoit encore, & brauoit les Romains
Comme s'il eust tenu la Palme entre les mains;
Il estoit aussi fier en sauuant sa personne
Que s'il eust de mon Pere enleué la Couronne.
  De moy, ie fus touché de voir tant de valeur,
I'en goutay la victoire auec quelque douleur,
Et bien qu'interessé dans la gloire de Rome,
J'eus vn peu de regret de perdre vn si grād Homme.
Je poussay iusqu'à luy de peur qu'on l'enleuast,
Et luy donnay du temps afin qu'il se sauuast.

FAVSTE.

Quoy? pour nos Ennemis auoir tant de clemence?

CHRISPE.

Madame, ie vous dis la chose en Confidence:
Et ie sçay des raisons qui vous feront iuger
Qu'en cela ie commis vn crime fort leger.

FAVSTE.

Vn Ennemy si grand est toûjours redoutable:

CHRISPE.

Cette derniere cheute entierement l'acable:
Que peut-il desormais sans ressource & sans bien
Que demander la vie en ne demandant rien?
Il vient de hazarder sur la terre & sur l'onde
La part qu'il possedoit en l'Empire du Monde:
Il a de la Fortune esprouué le reuers,
Et c'est à Constantin qu'apartient l'Uniuers.
Licine malheureux autant qu'on le peut estre,
Luy qui du Monde entier s'est creu rendre le Mai-
stre,
N'a rien eu de meilleur pour fin de ses trauaux
Que d'estre accōpagné de quinze ou vingt cheuaux.

A la plus-part encore, il a donné licence
Pour se pouuoir sauuer auec plus d'asseurance.
En vn coin de l'Asie il sera paruenu,
Cachant sa qualité, passant pour incognu,
Attendant qu'vn pardon de sa peur le deliure,
Et que vostre bonté luy permette de viure.
  I'ay laissé prés d'icy sa fidelle moitié,
Dont les ennuis sont tels qu'ils vous feront pitié:
Craignant de son Espoux la mort, ou le seruage,
Elle en a pris le deüil ainsi que d'vn veufuage;
Mais comment ay-je dit qu'elle en a pris de deüil
Elle en est sur le poinct de descendre au Cercueil:
Ce trouble absolument finit sa destinée,
De tous ses Medecins elle est abandonnée.
Sa fille ariue ici pleine de ses douleurs:
Et pour obtenir grace en de si grands malheurs,
Elle vient à vos pieds estaler tous les charmes
Qu'vne viue douleur mesle en de belles larmes.

FAVSTE.

On m'a dit qu'elle auoit quelqu' eclat dans les yeux.

CHRISPE.

On pourroit l'appeller vn Chef-d'œuure des Cieux.

FAVSTE.

Ne seroit-elle point de ces Beautez muettes,
Que l'on diroit plustost moins viues que portraites?

CHRISPE.

Point du tout, son Esprit en ses auersitez,
A l'enuy de ses yeux fait briller des clartez :
Rien ne peut egaler l'ennuy qui la desole,
L'excez de sa douleur deuore sa parole.
Mais quand le cours des pleurs, ou celuy des soûpirs
Luy permet de parler dans ces grands déplaisirs,
L'art dont elle s'exprime est vn charme agreable
Qui rend de sa douleur toute Ame inconsolable.

FAVSTE.

Ceux que nos interests touchent sensiblement,
S'en pourront consoler assez facilement.

CHRISPE.

Madame, en peu de temps vous en ferez l'espreuue,
Et vous verrez bien-tost l'Orpheline & la Veufue.

Dont les illustres cœurs transis & desolez
Ne prendront pas ces noms si vous ne le voulez :
Car si peu que le vostre à leurs maux compatisse,
Il peut de Constantin desarmer la Iustice.

FAVSTE.

Pourroit-on sans pecher leur estre officieux ?
Desarmer les Vertus, c'est offenser les Dieux.

CHRISPE.

Les Dieux sont bons, Madame, & sont pour leur puissance
Moins crains & respectez, qu'aimez pour leur clemence,
Les Rois que pour Enfans ils daignent adopter,
Peuuent-ils faire mieux que de les imiter ?
Ont-ils tant de pouuoir pour estre inexorables,
Et n'essuyer iamais les pleurs des miserables ?

FAVSTE.

Parlez en leur faueur ; de moy ie n'y puis rien.

CHRISPE.

Vous pouuez tout, Madame, & vous le sçauez biẽ,
C'est par vous seulement que l'Empereur respire,
Vous estes le bon Ange & l'Ame de l'Empire.
On sçait que vostre Esprit qui n'a point de pareil,
Change comme il luy plaist la face du Conseil,
Vous pouuez dispenser la rigueur ou la grace,
Exciter la tempeste, ou causer la bonace.
    Hé! de grace, prenez des sentimens humains,
Pour mes tristes Parens qui vous tendent les mains,
Et qui sur ma parole en ce debris funeste,
Fondent en vos bontez tout l'espoir qui leur reste.

FAVSTE.

Comment? à vous entendre on diroit qu'aujourd'huy
Chrispe n'auroit plus rien à demander pour luy.

CHRISPE.

Ce bien que ie demande auecque tant d'instance,
Sera de mes trauaux toute la recompense,
Et vous m'auancerez par ce trait de pitié
Tout ce que m'a promis vostre saincte amitié.

FAVSTE.

Vn Prince commme vous, si vaillant & si sage,
Ne doit rien demander à son desauantage.

CHRISPE.

Madame si les miens sont traitez doucement,
Ie suis la Caution de leur ressentiment,
Ie puis vous asseurer que la recognoissance
Est vrayment naturelle en l'Ame de Constance,
Et que vostre Maison apres ce rare effet,
Goustera pleinement le fruit de ce bien fait.
De crainte d'offencer cette bonté Diuine.
Constance deuiendra l'Espion de Licine,
Et l'esclairant de prés, fera tousiours sçauoir
Si cet Esprit altier demeure en son deuoir,
Puis ce dernier pardon que demandent nos larmes,
Le rendra plus soumis que la force des Armes.

FAVSTE.

La Victoire est certaine & cela ne l'est pas:
Nous pourrions vous reuoir dans de grãds embaras,
De grands Rois tous les iours la Fortune se joüe.

CHRISPE.

CHRISPE.

La Fortune est changeante, il est vray, ie l'auoüe,
Mais elle n'a plus lieu de nous mettre en danger,
Nous l'empescherons bien desormais de changer.

FAVSTE.

Ouy bien, si nous sçauons vser de la Victoire.

CHRISPE.

En sçauroit-on vser auecque plus de gloire ?
Par ce trait de douceur, le nom de Constantin
S'espandra desormais du Couchant au Matin;
Et vous qui prenez part à ses vertus illustres,
Ferez passer le vostre à plus de mille lustres.

C

FAVSTE.

Vous voulez me seduire auec ses vanitez.

CHRISPE.

Ces honneurs sont certains, ce sont des veritez,
Pour faire que vos noms s'esleuent sur la nuë,
Que vostre Renommée en tous lieux soit cognuë,
Et que par l'Uniuers aux Siecles auenir
On n'en puisse iamais perdre le souuenir :
N'employez point le marbre ou quelqu'autre matiere,
Laissez-vous seulement flechir à ma priere.
Pour vous eternifer sans ces Arcs glorieux,
Qu'vne sçauante main taille aux Victorieux,
Et sans faire esleuer de hautes Piramides,
Amolissez ce cœur deuant des yeux humides.
Quel Colosse de bronze & taillé doctement,
Peut mieux à sa grandeur seruir de monument,
Et la faire parestre auec magnificence,
Qu'vn Auguste Empereur sauue par sa Clemence :
Qui sera redeuable enuers vostre bonté
De l'honneur & du bien, comme de la clarté.

FAVSTE.

Allez, sur cette affaire il faut que ie m'employe.

CHRISPE.

O que cette faueur me va donner de ioye !
Que vous m'obligerez seruant ces malheureux !

FAVSTE.

Je feray tout pour vous, & rien pour l'amour d'eux,
Mon esprit n'agira que par vostre priere.

CHRISPE.

Et bien, ie prens sur moy la debte toute entiere.

Fin du premier Acte.

ARGVMENT DV SECOND ACTE.

1. FAuste de qui l'Ame est partagee entre le Deuoir & l'Amour, ne sçait pas bien quel party prendre : encore qu'elle semble se determiner à suivre les Conseils de sa Raison, & vouloir se ranger du costé de la Vertu. 2. Cornelie la vient asseurer de la mutuelle affection de Chrispe & de Constance ; ce qui r'alume le feu de sa secrette amour par vne emotion de jalousie. 3. Chrispe ameine Constance en l'apartement de Fauste, esperant que l'Imperatrice sera fauorable à cette affligée à sa consideration ; mais Fauste feint d'estre malade pour ne les voir point. 4. Constance s'adresse à Constantin pour l'obliger à quelque trait de Clemence enuers Licine son Pere, & ses larmes n'obtiennent qu'vn refus. 5. Mais Chrispe fait vn autre effort, & fait pancher l'Esprit de ce bon Pere à l'accommodement qu'il desire.

ACTE II.
SCENE PREMIERE.

FAVSTE.

AVSTE, à quoy te resoudras-tu
Entre l'Amour & la Vertu
Qui tiennent aujourd'huy ton Ame balancée?
Desia la Crainte & le Desir
Font des ligues dans ta pensee;
Il faut laisser ou prendre, il est temps de choisir.
  Ie voy l'Honneur qui d'un costé
  Monstre sa seuere beauté;
L'Amour paroist de l'autre entouré de delices;
Et la guirlande qu'il me tend
Esclate sur des precipices,
Mais mon Ame est encline où le peril est grand.

C iij

Aymable chef-d'œuure des Cieux,
Cheres delices de mes yeux,
Et dont la triste absence est l'Enfer de mon Ame;
Chrispe, dois-je manquer de foy,
Et deuenir toute de flame
Pour celuy qui paroist tout de glace pour moy?

Suiuray-je vn objet si charmant;
Ou croiray-je le sentiment
Qui veut rendre en mon sein cette ardeur amortie?
O dereglement sans pareil!
C'est mon Iuge, & c'est ma partie
Que ma Raison troublée appelle à mon Conseil.

C'est cet Ennemy sans pitié
Dont les traits de mon amitié
Augmentent aujourd'huy le mespris & la haine:
Et qui pour vne indigne amour
Rejette l'amour d'vne Reine,
Qui fait voir sa puissance aussi loin que le iour.

Ma beauté ne le touche point;
Et si ie m'abaissois au point
De confondre à ses pieds, mes pleurs auec mes charmes,

Le Cœur ingrat de ce Heros
Braueroit l'effort de mes larmes
Comme vn superbe Escueil braue celuy des flots.

N'importe, ie veux l'adorer :
N'en deussay-je rien esperer,
Et quelque grand danger que mon cœur se propose :
Ie n'attens qu'vn funeste sort ;
Mais si i'en regarde la cause,
Ie ne sçaurois perir d'vne plus belle mort.

Fauste, dans quel excez ton amour te transporte ;
Ne dois-tu pas rougir de parler de la sorte ?
C'est trop s'emanciper, c'est trop ; mais pour le moins
Ces licences d'amour s'expriment sans tesmoins,
Ce n'est qu'à mes pensers seulement que ie m'ouvre :
Le Ciel void nos pensers, & par fois les découvre. ‟
Le Ciel est indulgent aux crimes amoureux ;
Souuent des Criminels il faict des Malheureux. ‟
Quel crime en ces pensers si ie cache ma flame ?
Toute l'horreur du Crime a sa source dans l'ame. ‟
Est-ce vn crime d'aimer où l'on voit tant d'appas ?
C'est enfreindre la loy qui ne le permet pas. ‟
Mais si nous le voulons les loix nous sont sujettes :
Mais nous en dependons, car les Dieux les ont ‟
faites.

Si faut-il succomber sous vn si doux poison,
„ Il vaut mieux sur ses sens esleuer sa raison ;
Le souhait en est doux, la honte en est sensible ;
Quittons donc ces desseins ; mais il m'est impossible.
O que de sentimens l'vn à l'autre opposez !
Que de pensers de glace & de traits embrasez !
Que Iunon la Nopciere est pour moy rigoureuse :
Et pour tout dire, enfin, que ie suis malheureuse.
Qu'il en puisse arriuer ce que le Ciel voudra,
Au moins rien de honteux ne nous diffamera,
Nous n'aurons qu'vn desir qui sera legitime,
Quand l'amour est honneste, aymer n'est pas vn
   crime.
I'aymeray les appas dont il est reuestu,
Comme vn esprit bien nay peut aymer la Vertu ;
Mes feux se garderont d'offenser la Nature,
Ma flame sera grande & se maintiendra pure.

SCENE

SCENE II.

FAVSTE, CORNELIE.

CORNELIE.

Madame, vos soubçons ne sont pas mal conceus,
On vient de m'informer pleinement là-dessus;
Chrispe brusle d'Amour pour la ieune Constance,
Et mesme leurs esprits sont en intelligence.

FAVSTE.

Quoy! Chrispe aime Constance? & l'on s'en aperçoit?

CORNELIE.

Il luy rend tous les iours des soins qu'elle reçoit.

FAVSTE.

Croit-il innocemment que Constantin l'endure ?

CORNELIE.

L'estroite parenté leur sert de Couuerture :
Visitant la Princesse en cette auersité
Son Amour peut passer pour generosité.

FAVSTE.

Nous leuerons le masque à sa trompeuse flame :
Nous sçaurõs esclairer iusqu'au fonds de son Ame,
Et nous luy ferons voir, s'il pretend s'echaper,
Qu'il est trop ieune encor pour nous vouloir tromper.
Mais pourroit-il aimer vn fardeau pour la Terre ?
Vn funeste debris des malheurs de la Guerre ?
La fille d'vn Tyran qui vit sans equité ?
D'vn monstre furieux que nous auons dompté ?
Qui t'a donc apporté cette belle nouuelle ?

CORNELIE.

Leonce mon Neueu qui suit Chrispe chez elle,
Et qui va de sa part enchanter ses ennuis,
Luy portant les matins ou des fleurs, ou des fruicts,
Et qui l'a veu souuent aux pieds de cette belle
Mesler ses pleurs aux siens, & se pleindre auec elle.

FAVSTE.

Puisque sur ton parent tu prends tant de pouuoir,
Fay qu'il t'aprenne tout, & me fais tout sçauoir.

CORNELIE.

Lors que ie suis entrée, il me venoit d'aprendre
Que ce couple d'Amans icy se venoit rendre,
A dessein de vous voir, & vous solliciter
De destourner les maux qu'il espere esuiter.
Et sans doute aujourd'huy que le Conseil s'assemble,
Apres vous auoir veuë, ils y viendront ensemble.

FAVSTE.

Ils n'ont pas mis encor mon esprit à leur point,
Ie les seruiray fort, ie n'y manqueray point.
Il auroit toutefois à combatre l'orage,
Si l'aproche du port depend de mon suffrage :
Mais les voicy venir qui se parlent tout bas,
Ils ont mal pris leur temps, ils ne me verront pas.

SCENE III.
CHRISPE CONSTANCE.

CHRISPE.

IE vous le iure encore, ô ma belle parente,
Que ie r'affermiray vostre Fortune errante,
Que ie vaincray des miens l'implacable courroux,
Ou que i'auray l'honneur de mourir prés de vous.
Essuyez donc ces pleurs dont la course rauage
Les roses & les lys de vostre beau visage;
Et de vostre penser chassez les desplaisirs
Qui font entrecouper vostre voix de soûpirs;
Suspendez la douleur qui vous tient abatuë,
Donnez quelque relâche à l'ennuy qui vous tuë,
Armez-vous vn moment de resolution,
Soyez toute Constance en cette occasion.
Ie confesse que Fauste a l'humeur fort altiere,
Qu'en tous ses sentimens elle est assez entiere,
Et mesme qu'en celui qu'elle m'a tesmoigné
A la presser beaucoup, i'aurois fort peu gagné.

C'est pourquoy luy contant l'auanture importune,
Qui confondit ma gloire auec vostre infortune ;
I'ay couuert mon amour du tiltre d'Amitié,
I'ay déguisé ses traits des traits de la pitié,
Et n'ay pas tesmoigné qu'ayant causé vos larmes,
Ie fusse au desespoir du bon-heur de mes armes :
Ou i'en ay fait cognoistre vn regret apparent,
Non comme vn seruiteur, mais bien comme vn parent ;
Enfin sur ce discours ie l'ay si bien flatée
Qu'à vous fauoriser elle est toute portée,
Et vostre esprit craintif ne doit point redouter
De l'aller voir encor pour l'en solliciter :
Croyez que i'ay rendu cette entreueuë aisée,
Elle est à vous seruir à peu prés disposee,
Et nous mettrons bien-tost la chose au dernier point.

CONSTANCE.

Seigneur, en cet espoir ne vous trompez-vous point ?
I'ay connu dans ses yeux vne secrette haine
Qui rejettoit ma plainte, & me souffroit à peine,
Et ses regards altiers faisoient assez sçauoir
Qu'elle ne prenoit point de plaisir à me voir ;
I'ay peur d'en receuoir quelque mauuais visage,

D iij

CHRISPE.

Madame, sans sujet vous prenez cet ombrage.

CONSTANCE.

Son Orgueil me pourroit traitter de haut en bas,
Et ie suis d'vne humeur à ne le souffrir pas :
Car bien que i'eusse en teste vne forte partie,
A peine vn trait piquant seroit sans repartie.

CHRISPE.

Vouloir d'vne affligée accroistre la douleur ?

CONSTANCE.

On apprehende tout estant dans le malheur.

CHRISPE.

Pour auoir ces pensers Fauste est trop genereuse.

CONSTANCE.

Constance pour tout craindre est assez malheureuse.

CHRISPE.

Madame, vostre peur vous le fait figurer :

DE CHRISPE.

CONSTANCE.

Seigneur, vostre desir vous fait tout esperer.

CHRISPE.

Mais on vient de sa part nous dire quelque chose.

SCENE IV.

CONSTANCE, CHRISPE, CORNELIE.

CORNELIE.

SEigneur, l'Imperatrice au Cabinet repose;
Vn grand mal sur le champ vient de la trauailler.

CHRISPE.

Nous n'entrerons donc pas de peur de l'esueiller.

SCENE V.

CONSTANCE, CHRISPE.

CONSTANCE.

HE bien, Seigneur, hé bien? où sont vos esperances?
Direz-vous que i'ay veu de fausses apparences?
I'ay fait vn iugement dont vos sens sont tesmoins;
Son horreur naturelle a surmonté vos soins,
A faire ce rebut elle estoit preparée :
Sçachant que nous entrions elle s'est retirée,
Le mal qui l'a surprise est vn mal affecté
Et celuy de sa haine est vne verité.
Ie ne pourray sortir d'vn sort si deplorable,
Vous ne flechirez point cette ame inexorable.

CHRISPE.

Pour ce trait de malheur ne nous rebutons pas,
Vn Astre plus heureux y conduira nos pas;

Et

DE CHRISPE.

Et lors que sa santé sera mieux affermie,
Nous pourrons par nos soins fléchir cette ennemie.

CONSTANCE.

Il sera mal-aisé de pouuoir l'adoucir,
Seigneur, c'est vn dessein qui ne peut reüssir.

CHRISPE.

Ne desesperons pas de nostre destinée.

CONSTANCE.

Sa haine pour Constance est trop enracinée.

CHRISPE.

Qui rendroit contre vous ces esprits animez?

CONSTANCE.

Je croy qu'elle me hayt, parce que vous m'aimez.

CHRISPE.

S'il estoit veritable, ô charmante Princesse,
Sa haine contre vous, n'auroit iamais de cesse,
Puis qu'estant embrasé pour vn objet si beau,
I'ay fait vœu de l'aimer iusques dans le tombeau.

E

CONSTANCE.

Durant le peu de temps que vous m'y presentastes
Elle paslit tousiours quand vous me regardastes ;
Fut tousiours inquiete, & fit assez iuger
Que me seruir ainsi n'estoit pas l'obliger ;
D'où peut venir cela ?

CHRISPE.

C'est qu'elle est glorieuse
Pleine de Vanité, hautaine, imperieuse,
Et qu'elle s'imagine ayant l'authorité
Que toute la loüange est deuë à sa beauté.
Pourtant à vous seruir elle s'est obligée ;
Et lors que de parole elle s'est engagée
Elle est religieuse à maintenir sa Foy,
Et ie ne puis penser qu'elle y manque pour moy.
Mais que Fauste nous soit fauorable ou contraire,
Nous paruiendrons, sans doute, au bon-heur que i'espere :
Mon Pere est le meilleur d'entre tous les mortels,
La Nature iamais n'en a formé de tels.
Quand on l'obsederoit, ie romprois tous ces charmes
Si i'auois deuant luy respandu quelques larmes.

CONSTANCE.

Achepter à ce prix la fin de nos malheurs ?
Ce seroit trop, Seigneur, s'il vous coustoit des pleurs:
Il se contentera des miens qui sont vulgaires,
Il plaist à mon malheur qu'ils ne me coustent gueres.

CHRISPE.

Dieux ! mais preparons nous, Constantin va passer,
Il seroit à propos encor de le presser,
Il faudroit sur le champ luy faire vne Harangue.

CONSTANCE.

O sainte Pieté, viens inspirer ma langue.

SCENE VI.

CONSTANCE, CONSTANTIN, CHRISPE.

CONSTANCE.

NOS importunitez plaisent aux Immortels
Lors que nos vœux pressans assiegent leurs Autels ;
Parce que cet effort marquant nostre esperance,
Honore leurs bontez & leur Toute-puissance :
Et fait voir clairement que pour auoir du bien
Nous auons besoin d'eux qui n'ont besoin de rien.
J'espere aussi, Seigneur, que dans mes infortunes,
Mes plaintes aujourd'huy vous sont moins importunes ;
A vous qui sans pareil gouuernez sous les Cieux,
Et marchez ici bas au premier rang des Dieux.
A qui plus iustement faut-il que l'on s'adresse
Lors qu'on est accablé de mal ou de tristesse,
Qu'à celuy qui par tout fait respecter ses lois
Et s'est rendu le Maistre & l'Arbitre des Rois ?

Vostre rare bonté peut ici toute entiere
Trauailler sur le fonds d'vne illustre matiere;
Sur vn noble Tissu, dont vn cruel malheur
A troublé l'ordonnance & terny la couleur.
Il est iuste, Seigneur, que vous goustiez la ioye,
De restablir des iours filez d'or & de soye,
Et qu'oubliant enfin tout ce qui s'est passé
Vous redressiez vous mesme vn Throne renuersé.
Changez par vos bontez vn destin si funeste,
Le plaisir de bien faire est vn plaisir Celeste;
Et celuy d'excuser lors que l'on peut punir,
De rendre des Estats qu'on pourroit retenir,
Et liberalement remettre vne Couronne,
C'est de ces grands effets dont l'Uniuers s'estonne :
Et la Felicité d'vn spectacle si doux
Ne peut iamais venir que des Dieux & de vous.
Escoutez vne sœur qui vos bontez reclame,
Et qui vous en conjure auant que rendre l'Ame;
Elle que ses Ennuis, ou la fin du malheur
S'en vont faire mourir de joye ou de douleur.

CONSTANTIN.

Ah! ma Niepce, cessez; ie ne puis vous entendre;
A l'objet de vos pleurs ie me trouue trop tendre,

Mais ie suis endurcy pour ce Pere inhumain,
Pour ce Pere cruel i'ay le cœur trop d'airain:
Et quoy qu'on me promette, & quoy que l'on me die,
Ie ne puis oublier sa noire perfidie :
Ie ne puis oublier les cruels attentats
Dont il a si souuent esbranslé mes Estats.
Apres tant de bienfaits par qui cet infidelle
Deuoit estre lié d'vne chaisne eternelle;
Ce Tiran insensible aux traits de ma pitié,
A toûjours violé les loix de l'Amitié:
Il n'eust iamais plaisir qu'à me faire la guerre;
Il m'a persecuté sur l'Onde & sur la Terre,
Et contre sa promesse, & sans aucun propos
Il s'est toûjours esmeu pour troubler mon repos.
Combien l'auons-nous veu recourir à ma grace,
Vaincu dans l'Allemagne, & vaincu dãs la Thrace;
Et venir par les siens pleurer à mes genoux,
Puis se rendre rebelle à mesme temps qu'absous ?
Ne se souuenir plus de l'effet de vos larmes,
Et mettre injustement toute la terre en armes ?
Non ie ne veux plus voir à tous coups hazardé
Vn si grand different par le fer decidé;
I'auray seul desormais la Puissance absoluë;
Qu'on ne m'en parle plus, la chose est resoluë.

CONSTANCE.

Seigneur, considerez---

CONSTANTIN.

C'est en vain battre l'air.

CHRISPE.

Retirez-vous, Madame, & me laissez parler.

SCENE VII.

CONSTANTIN, CHRISPE.

CONSTANTIN.

C'En est faict, C'en est faict;

CHRISPE.

Quoy, Seigneur, point de grace ?

CONSTANTIN.

Tu veux en m'exposant que ie la satisface ?
Pour vn Fils bien-aimé c'est trop peu me cherir.

CHRISPE.

Moy ? t'exposer, Seigneur ? i'aimerois mieux mourir.
Ie ne pourrois ici te parler de Clemence
Si tu ne l'exerçois auec toute asseurance :
Et tu cognoistras bien, s'il te plaist m'escouter,
Que ton authorité n'a rien à redouter.

CONSTANTIN.

Parle donc, & m'en donne vne raison bien ample,
Apprends-moy pour le moins à faillir par exemple :
Cherche dans nostre Siecle, ou dans l'Antiquité
Vn trait si fauorable à la temerité.

CHRISPE.

Alexandre vainquit vn Prince de l'Indie
Qui pour l'oser combatre eut l'Ame assez hardie,
Et qui faict prisonnier sans trouble & sans effroy,
Demanda hautement qu'on le traitast en Roy.
Et cependant charmé d'vne Vertu si grande,
Le Macedonien accorda sa demande.

Le

Le voulut restablir en ses mesmes Estats,
Et s'acquist de la gloire en ne l'opprimant pas.
Icy, grand Constantin, n'oserois-tu pretendre
A ce degré d'honneur où s'esleue Alexandre ?
Et peux-tu bassement craindre ton Allié
Lors qu'en tant de Combats tu l'as humilié ?
Quand ta sœur son Espouse en larmes te conuie
De la laisser en paix le reste de sa vie ?
Craindre vn Ennemy seul atterré par tes mains,
Toy qui donne des loix au reste des Humains,
Et qui voit dans le Ciel par les Diuins mysteres
Ta Fortune tracee en brillans caracteres ?
Quel timide penser peut recuser tes yeux
Ou te faire douter des promesses des Cieux ?
Dois-tu rien redouter en l'estat où nous sommes
Ny du costé des Dieux, ny du costé des Hommes ?
  Si l'effroy peut saisir vn cœur si genereux,
Sacrifie à ta peur Licine & ses Nepueux ;
Enuelope ta sœur dans la mesme disgrace,
Et fais ainsi perir la moitié de ta Race :
Mais garde que ta gloire aille du mesme rang,
Tu pourras la tâcher en respandant ton sang.

F

CONSTANTIN.

Que de maux apparens meſlez en ta requeſte :
Elle remet mon ſort du calme à la tempeſte,
Me retire du port pour m'en rendre eſloigné,
Et redonne au bazard tout ce que i'ay gaigné.
Ie dois craindre Licine, il eſt homme de guerre,
Il a pour partiſans les deux tiers de la Terre ;
Ie crains les attentats, ie crains les trahiſons,
Mais Chriſpe eſt plus puiſſant que toutes ces raiſons.
Fauſte & tout le Conſeil auront beau faire inſtance,
En faueur de mon Fils i'ay pitié de Conſtance :
Ie veux, comme il ſouhaitte, embraſſer la douceur,
Et faire encore grace au mary de ma ſœur :
Afin qu'elle gueriſſe, & qu'eſſuyant ſes larmes
Elle beniſſe encor la douceur de mes armes.

CHRISPE.

O Pere le meilleur d'entre tous les humains,
Souffrez pour ce bien fait que ie baiſe vos mains ?
Quoy, reſpondre, Seigneur, à ma ſecrette enuie,
A vos rares bontez ie dois deux fois la vie,
Mon plus ardant ſouhait, & mon ſort le plus doux
C'eſt de pouuoir vn iour la prodiguer pour vous.

CONSTANTIN.

Ie sçay bien que mon Fils m'aime auec tendresse,
Mais il faut qu'on se serue ici de quelque adresse,
Fauste pour t'obliger m'a parlé d'vn pardon,
Va-t'en luy tesmoigner qu'elle t'a faict ce don,
Qu'elle a calmé mon ame, & que sans son suffrage
Tes parens en ce iour alloient faire naufrage:
Tu cognois cet esprit qui veut estre flatté,
Et i'aime le repos & la tranquillité.

Fin du second Acte.

ARGVMENT DV TROISIESME ACTE.

1. COnstantin pre-sent ses malheurs domestiques par ce sinistres augures & de mauuais songes 2. Dont Fauste haste l'euenement ; piquee de jalousie contre Constance. Elle agist auprés de l'Empereur pour l'entiere perte de Licine, aprés auoir demandé grace pour luy ; Constantin qui remarque des foiblesses d'esprit en ce changement de discours, laisse Fauste enragée d'auoir fait cet effort inutilement. 3. Chrispe l'aborde tandis qu'elle est en cette emotion, & sert d'objet à sa cholere ; puis comme cette chaleur s'est exhalée en paroles, l'amour se restablist en ses sentimens ; & se voulant exprimer, en est empesché par l'honneste honte. 4. Cornelie en fait delicatement sentir quelque chose à ce Prince, qui ne pouuant se destourner d'aimer Constance pour cette consideration. 5. Reduit sa belle-Mere à prendre des Conseils plus violens, pour leuer tous les obstacles qui s'opposent à son desir.

ACTE III.
SCENE PREMIERE.
CONSTANTIN, LACTANCE.
CONSTANTIN.

TOY qui me fus donné pour mon soulagement;
Esprit où la doctrine est jointe au iugement,
Et meslant au sçauoir vne admirable adresse,
Sçait raisonner sur tout auec tant de sagesse.
Vien donner du remede à ce secret ennuy
Qui preuenant mes maux m'inquiete aujourd'huy:
Il faut qu'à tes discours ma peine se console,
Et qu'elle s'adoucisse au miel de ta parole.
Ah!

LA MORT

LACTANCE.

Qu'auez-vous, Seigneur, qui vous fait soûpirer?

CONSTANTIN.

I'ay ce que sans fremir ie ne puis declarer:
Ie n'aperçoy par tout que de tristes presages
Qui de l'Ire du Ciel m'aportent les messages;
Du pied droict en sortant i'ay le sueil rencontré,
Vn hibou dans ma chambre en plein iour est entré,
Et pour marque des maux qu'il me venoit aprendre
Est tombé roide mort dés qu'on l'a voulu prendre.
Vn chien que i'ay nourry qui me suit en tous lieux,
Et qui n'a nul repos s'il n'a sur moy les yeux,
Deuient morne aujourd'huy lors que ie le caresse,
Et d'vn aboy plaintif m'imprime sa tristesse:
Puis ie suis effrayé d'vn songe que i'ay fait.

LACTANCE.

Ces augures par fois ne sont pas sans effet.

CONSTANTIN.

Il m'a semblé la nuict qu'acheuant la Campagne
Encor tout fatigué des exploits d'Allemagne,
Ie voulois reposer dessus des gazons verts
Durant le plus grãd chaud en des lieux descouuerts,

DE CHRISPE.

Et qu'vne Aigle Royale, & belle, & glorieuse,
Qui suiuoit des Romains l'Aigle victorieuse,
S'opposant au Soleil, venoit tout à propos
Ajuster en ce temps son vol à mon repos :
Planoit dessus ma teste, & d'vn esgal ombrage
De la chaleur du iour defendoit mon visage.
Au gré de mes desirs, l'Oiseau par fois baissoit,
Et du vent de son aisle il me rafraichissoit ;
Chassoit loin de ce lieu d'importunes Corneilles
Qui venoient pour blesser mes yeux ou mes oreilles :
Et bref auec ardeur prenoit autour de moy
Les soins d'vn Seruiteur ardant & plein de foy.
Sa beauté me plaisoit, i'aymois ses bons offices,
C'estoit mon passe-temps & mes cheres delices,
Et tous mes Courtisans disoient pour me flater,
Qu'il sembloit prés de moy l'Aigle de Iupiter.
Lors qu'vn sale Vautour amy de la voirie,
Sur ce noble Animal descendant de furie
Par vn despit jaloux à sa perte animé
L'a fait cheoir à mes pieds d'vn bec envenimé :
I'ay veu l'Oiseau sanglant mourir sur l'herbe verte,
Et d'vn trait décoché i'en ay vangé la perte :
Son ennemi cruël mourant auprez de lui,
Allegea ma cholere, & non pas mon ennuy ;
Car ce cher Animal qui n'a point de semblable,
Laissa de son malheur mon Ame inconsolable ;

I'en respandis des pleurs, i'en pouſſay des ſoûpirs,
Et vins à m'eſueiller dans ces grands deſplaiſirs.

LACTANCE.

Ce ſonge eſt effroiable, & i'en ay fait vn autre
D'auſſi mauuais préſage, & qui reſpond au voſtre:
Chriſpe ſans doute eſt l'Aigle ardante à vous ſeruir,
Et quelque grand malheur s'en va nous le rauir,
Si la bonté du Ciel ou l'humaine prudence
Ne font paſſer ailleurs la maligne influence;
Deuers le poinct du iour, dans vn profond repos
Ce Prince m'a paru, ie l'ai veu les yeux clos,
Et mon timide eſprit troublé d'vne ombre vaine
A creu que tous mes ſens prenoient part à ſa peine:
I'ay ſenti les glaçons qui ſaiſiſſoient ſon corps,
I'ay veu ſon teint tout paſle, & ſes yeux demi morts;
Et parmi cet horreur à nul autre pareille,
Sa languiſſante voix a frappé mon oreille.
Lactance, m'a-t'il dit, iettant les yeux ſur moi,
I'eſpreuue les rigueurs d'vne cruelle loi:
Le violent excez d'vne effroiable rage
Precipite mes iours en l'avril de mon âge.
De grace, voy mon Pere, & le vas auertir
Que mon Ame l'appelle auant que de partir,
Et pour l'affection qu'il m'a toûjours gardee,
Cherche ſa main Roiale & la baiſe en idee.

A ces

A ces mots, son Esprit de son corps est sorty,
Et dans le vif regret que i'en ay ressenty,
L'abondance des pleurs roulant sur mon visage
A fait éuanoüir cette funeste Image.
Ie me suis esueillé tout esmeu de douleurs,
Le sein gros de soûpirs, & tout trempé de pleurs;
Et dessus mon cheuet à paupieres decloses,
I'ay long-temps contemplé l'inconstance des choses;
Medité sur mon songe, & promené mes yeux
Sur l'instabilité qu'on treuue sous les Cieux,
Où la plus belle vie & la mieux attachée,
D'vn prompt coup de ciseau se voit souuent tran-
chée.
Seigneur, c'est vostre Image & vostre digne appuy,
Veillez sur son salut, & prenez garde à luy:
Conseruez ce Heros qui marchant sur vos traces,
N'a son doux element que dans vos bonnes graces.

CONSTANTIN.

Tous mes autres enfans me sont beaucoup moins
chers,
I'en atteste le Ciel, & le Dieu que ie sers:
Mais par où puis-je faire vne perte si grande?
Je ne l'aperçoy point quoy que ie l'apprehende.
En l'estat où ie suis, Chrispe est hors des hazards,
Sa vie est à l'abry des picques & des dards.

G

LA MORT

LACTANCE.

Il est en seureté des dangers dont Bellonne
Pourroit au champ de Mars menacer sa personne;
Mais on sçait que l'Enuie auec sa trahison,
Vse de plus d'vn fer, & de plus d'vn poison;
Lors que sans redouter la honte ny le blâme,
Elle a fait le dessein de couper vne trame.
Gardez qu'on vous surprène, & que quelque ressort
Trauerse vostre vie en luy donnant la mort:
La Vertu sollicite en ce lieu la Nature,
Comme il est vostre Fils, il est ma nourriture,
Et si cet arbrisseau se trouuoit arraché,
Celuy qui le dressa seroit bien-tost seché.

CONSTANTIN.

Chrispe est en seureté, iamais nul artifice,
Ny - - - Mais esloigne-toy voici l'Imperatrice.

SCENE II.

FAVSTE, CONSTANTIN.

FAVSTE.

Seigneur, vous rendrez-vous à l'importunité
Qui veut qu'on vous offense auec impunité,
Et que pardonnant tout par vne fausse gloire
Nous ne goustions iamais les fruicts de la Victoire;
Si voftre fermeté peut ici balancer,
Tous vos trauaux passez sont à recommencer;
Sur la mauuaise foy qu'on vous a tesmoignée,
Il faut debatre encor vne palme gagnée;
Il faut remettre encor le harnois sur le dos,
Et ne gouster iamais vn moment de repos.

CONSTANTIN.

Ce discours me rejette en vne peine extresme,
Il est embarassant & contraire à soi-mesme,
C'est vouloir vne chose, & ne la vouloir pas,
C'est promettre la vie & donner le trespas.
Quels contraires effets voulez-vous que i'assemble ?
Puis-je estre impitoyable & clement tout ensemble ?
Pourquoy me parliez-vous de leur donner la paix ?
N'estes-vous plus d'accord auecque vos souhaits ?

FAVSTE.

Seigneur, le plus souuent la premiere pensee
Dans le meilleur esprit n'est pas la plus sensee;
Quoy qu'elle semble bonne à force d'y songer,
Quelqu'autre vient apres qui la peut corriger;
Et nostre iugement augmentant de lumiere,
Prend souuent la seconde, & quitte la premiere.
Puis, quand i'ay demandé qu'on mit tout en oubli,
Ie ne croiois pas voir Licine restabli;
I'esperois qu'on tiendroit son audace bannie
Sur les riues du Pont, ou vers la Bithinie;
Qu'il viuroit en repos & non pas esleué,
Non plus en Empereur, mais en homme priué :
C'est tout ce que de vous il se deuoit promettre.

CONSTANTIN.

Il faut entierement le perdre ou le remettre :
La gloire me defend de faire rien de bas,
Pardonner à demi, c'est ne pardonner pas.

FAVSTE.

I'aimerois mieux aux miens asseurer la Couronne,
Punissant vn Tiran qui iamais ne pardonne.

CONSTANTIN.

Nostre Chrispe s'oppose à ses derniers malheurs,
Et pour la parenté me conjure auec pleurs.

FAVSTE.

Chrispe est comme vn enfant qui voit vn fer reluire,
Et qui le veut auoir quoi qu'il lui puisse nuire ;
Mais on doit sagement combatre son desir,
Pouruoir à son salut plutost qu'à son plaisir ;
Et quoi qu' auec des pleurs il demande les armes,
Pour espargner son sang, laisser couler ses larmes.
Ici l'exact refus fait montre d'amitié,
Et la haute rigueur y tient lieu de pitié ;
Et comme il tient de vous la lumiere & la vie,
C'est à vous qu'appartient de regler son enuie.

G. iij

CONSTANTIN.

Sans l'avis du Conseil nous n'en resoudrons rien.

FAVSTE.

Conseillez-vous-en donc auec des gens de bien.

SCENE III.

FAVSTE, CORNELIE.

FAVSTE.

AH! cette cruauté me perce iusqu'à l'ame,
Est-il rien de pareil?

CORNELIE.

Ne pleurez point, Madame,

FAVSTE.

Ah! ce trait de rigueur me blesse au dernier point:
Et tu me dis encor que ie ne pleure point;
Ne vois-tu pas que Chrispe en faueur de Constance,
M'a prez de l'Empereur fait voir mon impuissance?
Qu'il s'est rendu contraire à tout ce que i'ay dit,
Et contre ma faueur fait lutter son credit?
O dure ingratitude! ô noire perfidie!
Qu'il faut que dans l'enfer vn meschant estudie,
Et que iamais esprit ne sçauroit conceuoir
Qu'inspiré des demons du souffle le plus noir.
Quoi? i'aime donc ce Fils à l'esgal de son pere,
A mes propres enfans mon amour le prefere,
Mon ame à l'estimer s'accorde auec mes yeux,
Et contre la Nature, & contre tous les Dieux,
Et luy du mesme temps par vne erreur extréme,
Pour nous contrarier est contraire à luy-mesme?
Se met dedans les fers pour nous mieux oppresser,
Et luy-mesme se tuë afin de nous blesser?

CORNELIE.

On ouvre, i'oy du bruit.

FAVSTE.

Ah ! mon trouble est extréme,
Que ie le hay, grands Dieux, ou plutost que ie l'aime
Que n'ai-je des appas à changer son dessein ?
Ou que n'ai-je vn poignard pour lui percer le sein.
Mes yeux qu'il est charmant ! mon cœur qu'il est
　horrible !
Que ie suis indulgente, & que ie suis sensible :
Pour nous laisser parler esloigne vn peu tes pas :
Mais, i'ay besoin de toi, ne te retire pas.

SCENE

SCENE IV.

FAVSTE, CHRISPE, CORNELIE.

FAVSTE.

CHrispe dont l'Vniuers fait ses cheres delices,
Faut-il pour qui vous aime inuenter des supplices?
Faut-il qu'vn si grand Prince & si consideré
Oprime des sujets dont il est adoré?
Des Tigres, des Lyons ie craindrois moins la rage;
Vous estes plus cruel que l'Ours le plus sauuage,
Ceux de qui la fureur se prend aux Immortels
Qui respandent le sang iusques sur les Autels;
Le bras des assassins, la bouche des impies,
Les traistres, les brigands, les monstres, les harpies,
Et tout ce qui du Ciel attire le courroux,
A plus de retenuë, & de bonté que vous.

H

LA MORT

CHRISPE.

Moy, Madame, et comment ?

FAVSTE.

Aussi ie vous deteste
Beaucoup plus que la mort, beaucoup plus que la peste ;
I'ai plus d'horreur de vous que des feux, que des fers,
Et de tous les serpens qui rampent aux enfers.

CHRISPE.

Quelle en est la raison, veüillez donc me l'aprendre.

FAVSTE.

Ah ! ne me parlez plus, ie ne puis vous entendre,
N'auray-je point le bien que l'on me laisse en paix ?

CHRISPE.

Puis qu'il vous plaist ainsi, Madame, ie m'en vais,
Mais ie ne pense pas vous auoir offensée.

FAVSTE.

Ah ! Chrispe, reuenez, ma cholere est passée :
Et quelque procedé qui me doiue toucher
Ie ne diray plus rien qui vous puisse fascher.

DE CHRISPE.

Ie vous pardonneray de bon cœur tout ce crime,
Ie vous auray toûjours en la plus haute estime,
Et ie ne vivray plus que pour vous honorer
De toutes les faueurs que l'on peut esperer,
Pourueu que par serment vostre ame enfin s'engage.

CHRISPE.

A quoy?

FAVSTE.

C'est -- ie ne puis en dire dauantage,
Il m'a pris tout à coup des esbloüissemens;
Voila qui vous dira quels sont mes sentimens.

CORNELIE.

Madame,

FAVSTE.

Cornelie, acheuez de luy dire,
Cette incommodité veut que ie me retire.

SCENE V.

CORNELIE, CHRISPE.

CORNELIE.

Qvelle peine ô grands Dieux!

CHRISPE.

Dites, ie vous attends:
Mais ie ne puis ici perdre beaucoup de temps.

CORNELIE.

Seigneur ---

CHRISPE.

Vid-on iamais vne telle merueille?
Ie ne sçay si ie dors, ie ne sçay si ie veille:
Voy-je des yeux de l'ame ou bien de ceux du corps,
Ie n'aperçois ici qu'Enigmes, que transports.

DE CHRISPE. 61

On exerce sur moy l'humeur la plus mauuaise,
On vient m'injurier, puis soudain l'on m'appaise,
Et m'ayant protesté que tout est pour mon bien,
On me dit que i'escoute & l'on ne me dit rien.

CORNELIE.

Seigneur, vous sçauez bien les excez de tendresse
Qu'a toûjours eu pour vous cette grande Princesse;
C'est pourquoy vostre esprit se devroit destacher
De tous les procedez qui la peuuent fascher:
Voila ce qui la trouble & dont elle est touchee.

CHRISPE.

Mais sçachons, Cornelie, en quoy ie l'ay faschée.

CORNELIE.

C'est que possible elle a des desplaisirs secrets,
De ce que vous meslant en d'autres interests,
Bien loing de retrancher le mal par sa racine,
Vous parlez au Conseil en faueur de Licine,
Elle n'en veut point voir releuer la maison;
De ce nouueau despit c'est toute la raison.

H iij

CHRISPE.

Ah! ce n'est point cela; cette grande saillie
Vient d'vn autre motif, dites tout, Cornelie:
Cet esprit qui s'emporte en ce desreglement,
En matiere d'Estat agit plus sagement.
Oüy, quelqu' autre sujet produit la violence
Qu'exprime son discours, & mesme son silence:
Vous devriez satisfaire à son commandement,
Et me dire la chose vn peu plus clairement.

CORNELIE.

L'ordre que i'ay receu, Seigneur, c'est de vous dire
Qu'il ne tiendra qu'à vous de gouuerner l'Empire;
Admirant aujourd'huy vos exploits triomphans,
Fauste vous considere autant que ses enfans,
Auprez de l'Empereur ses soins, & ses suffrages
N'agiront desormais que pour vos avantages:
Mais pour vous preparer à gouster tant de biens,
Il faut que vous quittiez, & Licine, & les siens:
Il faut abandonner toute cette famille,
Et ne voir iamais plus Constance, ny sa fille;

CHRISPE.

Constance ny sa fille! ô trait injurieux!
Ie les verray toûjours tant que i'auray des yeux.
Comment, elle veut donc que dans cette avanture
Ie renonce à mon sang, ie manque à la Nature,
Et que pour obeïr aux loix de sa rigueur
Ie deshonore ainsi mon esprit & mon cœur?
Allez luy rapporter, mais auec diligence,
Qu'elle peut sur ma vie exercer sa vengeance,
Mais non pas m'obliger à viure sans pitié,
Et manquer pour les miens d'honneur & d'amitié;
Comment, afin qu'on m'aime, & qu'on me considere,
Ie seray l'ennemy de la sœur de mon Pere,
I'auray l'esprit si noir, i'auray le cœur si bas?
Ah! i'aime beaucoup mieux que l'on ne m'aime pas.
Qu'vn autre prenne part à cette bien-veillance
Qui conduit à la honte auec tant d'insolence;
Quiconque ose tenter mon courage en ce point
Ne doit pas me cognoistre & ne m'estime point.
Ma resolution ne peut estre changee,
I'ay fait vœu de seruir vne Tante affligée;
La menace de Fauste & de tout son pouuoir
Ne sçauroit diuertir le cours de mon devoir.
Dépeschez, Cornelie, allez, courez luy dire,
Et que l'honneur à Chrispe est plus cher qu'vn Empire.

CORNELIE.

Seigneur, dispensez-moy de faire ce raport,
Fâchant l'Imperatrice, il peut vous faire tort.

CHRISPE.

Elle m'en fait assez, alors qu'elle s'attache
A mettre sur ma gloire vne eternelle tâche :
Dites-luy, dites-luy, qu'il n'en faut plus parler,
Mon cœur est vn rocher qu'on ne peut esbranler.

SCENE

SCENE VI.
CORNELIE, FAVSTE.

CORNELIE.

IE ne porteray point ces mauuaises nouuelles,
Son discours m'a laissé dans des transes mortelles,
Madame !

FAVSTE.

Cornelie, et bien ?

CORNELIE.

C'est temps perdu.

FAVSTE.

I'estois en cet endroit d'où i'ay tout entendu,
Qu'il est audacieux, et qu'il est temeraire.

CORNELIE.

Il s'emporte un peu trop.

FAVSTE.

Ie ris de sa cholere,
Il faut qu'elle se passe, il faut qu'humilié
Il me vienne prier que tout soit oublié.
Qu'il vienne par ses pleurs diuertir vne foudre,
Et baiser vne main qui le peut mettre en poudre.
Il ose s'attacher à ce qui me desplaist,
L'insolent & l'ingrat, ie l'ay fait ce qu'il est;
Si i'ay sceu le seruir, ie sçauray bien luy nuire,
I'ay bien sceu l'esleuer, ie puis bien le destruire.
N'a-t'il eu iusqu'ici tant de respects pour moy
Qu'afin de s'introduire à me donner la loy?
Auoir des sentimens à mes desirs contraires,
Pour hazarder l'Empire, & troubler les affaires;
Pour former vne ligue auec nos Ennemis,
Pour nous égaler ceux que nous auons soubmis,
Et regler à son gré nos bonnes auantures.
Ah! ie lui feray voir qu'il prend mal ses mesures,
Il changera d'estat s'il ne vient s'excuser,
Tout est perdu pour lui s'il tarde à m'appaiser.

DE CHRISPE. 67

Ie veux à mes enfans laisser l'Estat tranquile,
Et dompter hautement ce Lion indocile.

CORNELIE.

Madame, c'est vn joug qu'à peine il receura.

FAVSTE.

Ie l'y forceray bien, s'il ne plie il rompra,
Il quittera l'Empire, ou changera de flame.

CORNELIE.

Mais il est Fils d'Auguste.

FAVSTE.

      Et moy i'en suis la femme,
Et nous verrons bien-tost, s'il me veut mettre au pis,
Lequel l'emportera de la femme, ou du fils.

Fin du troisiesme Acte.

ARGVMENT DV QVATRIESME ACTE.

1. Fauste découvre à Constantin le mécontentement qu'elle a de voir Chrispe embarassé d'Amour pour Constance, luy représentant que cette alliance pourroit vn iour causer la perte de sa maison, & se sert de tant d'artifices pour en exprimer les apprehensions & la douleur, que ce Prince se trouue attendri par ses larmes, & se sent forcé de luy donner esperance qu'il retirera sa parole. 2. Chrispe vient remercier Fauste du pardon qu'a receu Licine, & du restablissement de sa maison; mais Fauste luy fait cognoistre imperieusement qu'elle a mis obstacle à ce traict de clemence, & rompu l'ouvrage que ses soins auoient auancé. 3. Constance persuadée que Constantin auoit fait grace à son Pere, en vient faire des complimens à Fauste qui la traitte auec tant de mépris & d'orgueil, que cette ieune Princesse piquée au vif de ces paroles, est portée à luy en dire d'autres qui la jettent dans vne extréme fureur. 4. Elle faict acheuer de corrompre vn seruiteur de Chrispe pour luy faire empoisonner sa riuale.

ACTE IV.
SCENE PREMIERE.

CONSTANTIN, FAVSTE.

CONSTANTIN.

QVOY! ie ne sçauray point d'où cette humeur procede?
L'ennuy qui vous afflige, est-ce vn mal sans remede?

FAVSTE.

C'est vn mal pour le moins à guerir mal aisé;
Puisque mesme d'Auguste il est authorisé;
C'est vn mal qui se forme, & qui venant à croistre,
Pourra faire perir ceux qui l'auront fait naistre.

CONSTANTIN.

La priere de Chrispe en est le fondement.

FAVSTE.

L'indulgence d'Auguste en fait l'accroissement.

CONSTANTIN.

Ce mal n'est pas si grand que Fauste se figure.

FAVSTE.

Puisse l'euenement tromper ma conjecture.

CONSTANTIN.

Mais qu'apprehendez-vous ?

FAVSTE.

Des malheurs infinis,
Vos peuples reuoltez, vos enfans des-vnis ;
Vne guerre Ciuile, vn trouble espouuentable ;
Mille saccagemens, vn destin lamentable.

DE CHRISPE.

CONSTANTIN.

Nous sçaurons destourner un si funeste sort.

FAVSTE.

Oüy tant que vous vivrez, mais apres vostre mort?

CONSTANTIN.

Chrispe prendra toûjours l'interest de son frere.

FAVSTE.

Ie crains auec raison qu'il fasse le contraire.

CONSTANTIN.

Et sur quel fondement craignez-vous ce danger?
Chrispe est-il si méchant?

FAVSTE.

Non, mais il peut changer;

CONSTANTIN.

On voit fort peu changer des Ames si bien nées.

FAVSTE.

Si l'a-t'on veu changer en fort peu de iournées.

CONSTANTIN.

Ie ne m'aperçoy point d'vn si grand changement.

FAVSTE.

La Cour auec regret fait ce discernement.
Chrispe nous honoroit auant que la Victoire
Eust esclairé son front des rayons de la Gloire,
Et qu'vn vent orgueilleux de reputation
Eust essoré le vol de son ambition.
Il suivoit nos Conseils auant que cette guerre
L'eust veu dans les dangers passer pour vn tonnerre,
Et de peur de faillir, & de trop hazarder,
Il n'entreprenoit rien sans nous le demander.
Mais ce bon naturel s'est changé dans la Thrace,
Où la Fortune Amie, a flatté son audace,
Et sans considerer son flus & son reflus,
Dans cette haute mer il ne nous cognoist plus.
Il croit que nos auis luy sont peu necessaires,
Il veut tenir tout seul le timon des affaires,
Et si sous cet orgueil nous plions aujourd'huy,
Le naufrage est pour nous, & le port est pour luy.
Rome est en sa puissance, & nous pouuons bien dire
Qu'il est Maistre absolu de nous, & de l'Empire,
Et qu'il se hastera de nous fermer les yeux.

CON

DE CHRISPE.

CONSTANTIN.

Fust-il Maistre de tout, il nous traitteroit mieux.

FAVSTE.

L'ambition rendroit son ame inexorable.

CONSTANTIN.

Fauste, sa pieté nous seroit fauorable.

FAVSTE.

Iamais la pieté ne peut accompagner
Vn cœur preoccupé du dessein de regner,
Car l'auide desir de prendre vne Couronne
Oste les sentimens que la Nature donne,
Et bien souuent vn Fils d'vn aueugle transport,
Marche lors sans horreur dessus vn Pere mort.
  Chrispe vous craint, Seigneur, & ie puis dire encore
Qu'il vous aime beaucoup, mesme qu'il vous adore;
Mais ce bon naturel peut estre corrompu
Par ceux qui pour nous perdre ont fait ce qu'ils ont
  peû.
  S'il faut que desormais par vne erreur fatale,
Ce Prince si bien né passe dans leur cabale,
Licine aura bien-tost suborné son esprit
Pour luy faire acheuer le coup qu'il entreprit.

K

CONSTANTIN.

Ce n'est pas un party qu'il faille qu'il embrasse;
Par quel raisonnement iugez-vous qu'il y passe?

FAVSTE.

Par l'amour qui le pousse à le voir restably,
Et fait que pour Constance il m'est tout en oubly.

CONSTANTIN.

Quoy, Crispe est-il touché de la ieune Constance?

FAVSTE.

Pour elle toute seule il vous fait cette instance.
Si le bandeau d'Amour ne luy couvroit les yeux
Il verroit sous des fleurs un serpent furieux;
Il craindroit de ce lieu l'alliance funeste,
Il fuiroit cet amour comme l'on fuit la peste.
Vne haine enuieillie en un cœur desloyal,
Corrompra laschement ce cœur vrayement Royal;
Et vous l'ayant predit, ie seray la Cassandre
Qui verray mettre Rome & nos Palais en cendre:
Possible que là-haut assis entre les Dieux,
Lors que sur nos malheurs vous porterez les yeux,
Vous aurez du regret de voir Fauste enchaisnée,
Prez du Char de Licine en triomphe menée;

Vos Temples démolis, vos Peuples saccagez,
Et vos ieunes enfans laschement esgorgez;
Et l'Italie enfin cruellement destruite,
Detester en pleurant vostre peu de conduite.
Toutesfois ces malheurs ne me surprendront pas,
I'en preuiendray l'effet par vn noble trespas :
Le poison ou le fer, ô misere incroyable !
Plutost que Constantin, me sera fauorable,
Et sans leur prompt secours ie ne puis éuiter
Les maux où le Destin me va precipiter.

CONSTANTIN.

Ah ne vous troublez point de ces grandes alarmes,
Mon cœur est penetré par le cours de vos larmes :
De tout autre interest vos pleurs m'ont destaché,
Mon Fils m'auoit surpris, mais vous m'auez touché,
Il faudra que ie pense à vos auis fidelles,
Pour gauchir sagement ces embusches mortelles.
Mais Chrispe vient ici vous parler sur ce point,
Suspendez cette affaire & ne l'aigrissez point.
N'outragez point ce Fils dont ie suis idolatre,
Soyez toujours sa mere, & iamais sa marastre,
Ne luy retranchez rien de vostre affection.

LA MORT
FAVSTE.

Seigneur, laissez-moy faire en cette occasion,
Ie tiens qu'il faut vn peu luy tenir la main haute,
Afin que son esprit recognoisse sa faute,
Et se rende plus souple à suiure nos auis,
S'estant si bien trouué de les auoir suiuis.

※※※※※※※※※※

SCENE II.

CHRISPE, FAVSTE.

CHRISPE.

IE viens vous rendre grace ô diuine Princesse,
D'auoir fait que des miens enfin la crainte cesse :
Vostre Esprit balançant la pitié de mes pleurs,
Auec la cruauté de leurs derniers malheurs,
Encor qu'il s'y portast auecque repugnance,
A faict à la Rigueur succeder la Clemence.

FAVSTE.

A quoy tend ce discours confus & mal tissu?

CHRISPE.

A vous remercier d'vn bien que i'ay receu :
Car bien que Constantin m'aime, & me considere,
I'auois besoin de vous pour flechir ce bon Pere,
Vous seule auez sauué Licine du trespas.

FAVSTE.

Luy sauué? point du tout, ne vous abusez pas.

CHRISPE.

Vn Courrier dépesché porte cette nouuelle.

FAVSTE.

Cette nouuelle est fausse, il faut qu'on le rappelle.

CHRISPE.

Licine l'apprendra comme vne verité.

FAVSTE.

Il peut la receuoir comme vn conte inuenté.

CHRISPE.

Assez distinctement on me l'a faict entendre.

FAVSTE.

Quelqu'un par ce discours vous a voulu surprendre.

CHRISPE.

L'Empereur me l'a dict auec tant de bonté.

FAVSTE.

L'Empereur vous l'a dit ? il s'est fort méconté :
Il n'y pensoit donc pas ; c'est par quelque surprise ;
S'il s'abuse si fort, il faut qu'il se rauise.

CHRISPE.

J'attens de sa promesse vn effet bien certain.

FAVSTE.

Si c'est là vostre espoir, vous esperez en vain.

CHRISPE.

On peut sur sa parole encore plus pretendre.

FAVSTE.

En cette occasion l'on n'en doit rien attendre.

CHRISPE.

L'Honneur plegeant sa foy, m'asseure sur ce point.

FAVSTE.

Moy, ie suis caution qu'il ne le fera point.

CHRISPE.

I'en vais tout de ce pas rafraichir sa memoire.

FAVSTE.

C'est vne illusion que vous luy ferez croire.

CHRISPE.

Ie sçay par quels sermens il s'y treuue obligé.

FAVSTE.

L'interest de l'Estat l'en rend des-engagé.

CHRISPE.

Nous verrons.

FAVSTE.

Voyez donc --- As-tu veu, Cornelie,
Quelle confusion succede à sa folie ?
Il pourra discerner d'vn iugement plus sein
S'il a quelqu'auantage à choquer mon dessein :
Ici son insolence est vn peu reprimée,
Assez hautainement ie me suis exprimée.

CORNELIE.

En vous parlant, Madame, il sembloit tout transi.

FAVSTE.

Constance estant absente, il n'estoit pas ici,
Ce n'est que la moitié d'vn Tout qui m'est funeste,
Ce n'en est qu'vne part, mais en voici le reste.

SCENE

SCENE III.

CONSTANCE, FAVSTE.

CONSTANCE.

IE ne viens plus, Madame, auec de tiedes pleurs
Vous demander la fin de nos longues douleurs;
Auec vn teint plus gay ie dois vous rendre graces
D'auoir du mauuais sort dissipé les menaces:
Nous donnant vne espreuue en ces aduersitez,
Qu'il n'est rien d'amirable au pris de vos bontez;
Car ces rares bontez adoucissant les choses
S'en vont bien-tost changer nos espines en roses.

FAVSTE.

Encor que vos destins soient si bien disposez,
Vous n'aurez pas les fleurs que vous vous proposez.

L

CONSTANCE.

Tous les vœux que ie forme en mon ame craintiue
Sont que la haine meure & que mon Pere viue,
Que iamais la Discorde & le Trouble mutin
N'esloigne ses desirs de ceux de Constantin;
Bref qu'en leur vnion la paix soit infinie.

FAVSTE.

Mais vous à quel objet voulez-vous estre vnie?

CONSTANCE.

Moy Madame? à l'honneur comme à vos interests.

FAVSTE.

Point point, nous auõs sceu quelqu'vn de vos secrets.

CONSTANCE.

Ie n'ay point de secrets qu'il faille que ie cache,
Ils sont fort innocens, ie veux bien qu'on les sçache.

FAVSTE.

Quoy que vous les cachiez ils sont fort apparens,
Vous trauaillez pour vous plus que pour vos Parens:

Prenant vn soin pour eux, vous en auez vn autre,
D'abatre vne maison pour agrandir la vostre.

CONSTANCE.

D'abatre vne Maison?

FAVSTE.

Oüy, oüy, mais c'est en vain.
Nous ferons hautement avorter ce dessein.

CONSTANCE.

Madame, ces effets d'vne haine visible
Sont encore des traits d'vn malheur inuincible,
Qui par nostre constance a semblé s'irriter
Et s'est pleû si long-temps à nous persecuter :
Il faut, sans murmurer, souffrir sa violence,
Puisque vostre pouuoir nous impose silence.

FAVSTE.

Que peut-on à cela vous respondre, sinon
Qu'il vous est bien aisé de porter vostre nom :
Puis que dans ce succez il est vray que Constance
Pour le malheur des siens a peu de repugnance,

Le iour de leur deffaite est vn iour glorieux,
Elle veut de bon cœur ce que veulent les Cieux.
 Si Licine en fuyant est sorty de la Thrace,
Vous l'auez sur le champ vangé de bonne grace:
Exprimant vn pouuoir qui n'est point limité,
Vous auez mis aux fers celuy qui l'a dompté.
Vous auez tout soubmis en blessant vn seul homme,
Quoy que Rome ait vaincu, vous triomphez de
    Rome.
Quel effet merueilleux! vn puissant Empereur
Qui iusqu'au bout du monde a semé la terreur,
En de si grands perils n'a gagné tant de gloire
Que pour mettre à vos pieds le fruit de sa Victoire.
Quoy? du nom de malheur ce succez appeller?
De semblables malheurs on se peut consoler.

CONSTANCE.

Madame, à ce discours ie ne puis rien entendre.

FAVSTE.

Auguste & le Conseil l'ont fort bien sceu comprēdre;
Chrispe vous rēd des soins & vous fait les doux yeux,
Vous obsede à toute heure & vous suit en tous
    lieux;
Il vous promet beaucoup, mais sçachez qu'il se moc-
    que.

DE CHRISPE.

CONSTANCE.

S'il se mocque de moy, la chose est reciproque.

FAVSTE.

En pouuez vous douter?

CONSTANCE.

Ie n'en ay point de peur.

FAVSTE.

Il est assez adroit.

CONSTANCE.

Mais il n'est point trompeur.

FAVSTE.

Il tient vn rang bien haut.

CONSTANCE.

Ie suis de la famille.

LA MORT

FAVSTE.

Il est Fils d'Empereur;

CONSTANCE.

Et n'en suis-je pas Fille ?

FAVSTE.

On void en ces Cesars de l'inegalité;

CONSTANCE

La Fortune en a mis, mais non pas l'Equité.

FAVSTE.

L'vn de ces Empereurs a peu l'autre soumettre.

CONSTANCE.

L'autre de sa valeur se pouuoit tout promettre.

FAVSTE.

Il n'a pas en campagne eu les Dieux pour amis.

DE CHRISPE. 87

CONSTANCE.

Il n'est pourtãt rien moins que ceux qu'il ont soumis,

FAVSTE.

Les vaincus aux vainqueurs ne sont pas cõparables.

CONSTANCE.

La Vertu rend par fois les malheurs venerables.

FAVSTE.

Cependant hors du Throsne on void cette Vertu;

CONSTANCE.

Elle peut esclater sous vn Throsne abatu.

FAVSTE.

Enfin quoy qu'il en soit, Constance n'est point née
Pour pretendre auec Chrispe au lien d'Hymenée;
Nous ne souffrirons point qu'il soit fait son Espoux.

CONSTANCE.

Vous souffrirez au moins qu'il m'ayme mieux que
vous.

FAVSTE.

A son dam s'il vous aime, interdit de le faire.

CONSTANCE.

A son dam beaucoup plus s'il agit au contraire.

FAVSTE.

Il ne peut vous aimer qu'auec beaucoup d'erreur.

CONSTANCE.

Ny vous aimer aussi qu'auec beaucoup d'horreur.

FAVSTE.

Ah! sortez promptement engeance de Vipere.

CONSTANCE.

On ne m'accuse point d'auoir perdu mon Pere.

FAVSTE seule.

Quel Fantosme a fait bruit? & quel Spectre a passé?
Dors-tu point? est-ce à toy que l'on s'est adressé?
Et peut-on appliquer ce que l'on vient de dire
A qui tient aujourd'huy les resnes de l'Empire?
Mais cette verité ne se peut démentir,
Constance me parloit, elle vient de sortir;

C'est

C'est à moy, c'est à moy que ce discours s'adresse,
Elle vient d'offenser sa Reine & sa Maistresse:
L'insolente qu'elle est, voit encore le iour
Apres avoir choqué ma gloire et mon amour?
A moy, que sur le champ cette impudente expire.

CORNELIE.

Madame,

FAVSTE.

Ce n'est rien, allez qu'on se retire.
Cognoissant Constantin & sa mauuaise humeur,
Il ne faut pas ici faire de la rumeur;
Et n'ayant peu parer vne atteinte si rude,
Il vaut mieux ménager ma rage auec estude,
Deuorer mon dépit, & me plaindre tout bas,
Que d'esclater plus haut & ne me vanger pas.
  A moy Constance? à moy? me parler de la sorte?
En aurions-nous raison quand elle seroit morte?
Pour rendre vn si grand coup mon bras est trop leger,
Ie pourroy la destruire, & non pas me vanger.
  Mais Chrispe est tout ici, cette ieune indiscrette
De ses noirs sentimens n'est rien que l'interprete.
Cet ingrat, il me joüe, & brauant mon credit,
L'aduoüe absolument de ce qu'elle m'a dit.

M

Quoy, Chrispe rira donc auec cette effrontée
Du plaisir qu'elle a pris à m'auoir irritée ?
Il se vantera donc prés d'elle chaque iour
Des traits dont son mespris a payé mon amour ?
Ma defence inutile & ma vaine furie
Pourront entrer encore en cette raillerie ?
Ah ! ie veux bien parer vn si sensible affront,
I'ay le bras assez fort pour garantir mon front,
Et ie vay m'employer de toute ma puissance
Pour faire auant ma honte esclater ma vengeance.
Il faut bien que le fer, la flame ou le poison,
D'vn mespris si sanglant me fassent la raison.
Pour les presser d'agir, dés cette heure ie donne
Le plus beau diamant qui brille en ma Couronne.
  Plutost que cette Amour m'offence impunément,
Ie veux perdre à la fois & l'Amante, & l'Amant.
Chrispe, il te souuiendra de m'auoir offencée,
Ta Sentence mortelle est des-ja prononcée,
Et le desir petille en mon cœur despité
Que ce sanglant Arrest ne soit executé.
Ouy Chrispe, c'en est fait, & tes ieunes années
Par mon iuste courroux se verront terminées :
Pour le soulagement de ma viue douleur
Ie vay faire passer la faux sous cette fleur.
Il faut que ma vengeance en ta perte médite
Sur ce que fait vn corps lors que l'ame le quite ;

Et les convulsions qu'on luy voit ressentir
Quand la bouche dispute à la laisser sortir.
Auec attention ie te verray, perfide,
Deuenir pasle & froid sans auoir l'œil humide:
Et verray sans regret en ce dernier effort
Passer dedans tes yeux les ombres de la mort.
　Mais où va ma fureur ? arreste ma Cholere,
Peux-tu bien outrager vne chose si chere ?
Destournons de ce coup & nos mains, & nos yeux,
Car c'est vn attentat qui blesseroit les Dieux.
Fauste, à quoy te portoit ta furieuse envie ?
Ces Vœux vindicatifs attentoient sur ta vie,
Et ta soudaine mort borneroit le plaisir
Que ton despit cruël propose à ton desir.
Tu te verrois surprise, & dans cette disgrace
Ta plus bruslante ardeur se changeroit en glace.
　Ne fay rien qui t'oblige à de grandes douleurs,
Et preuien sagement tes souspirs & tes pleurs.
Quoy que Chrispe t'offence, il peut vivre sans crainte,
Tu ne pourrois blesser vne chose si sainte ;
Il est inuiolable à ton ressentiment,
Il aura part au crime, & non chastiment ;
Et lors que tu pourrois d'vn esclat de tempeste
Perdre tout l'Vniuers, il saueroit sa teste.

Ie consens qu'vn Heros le plus grand des humains
Au fort de mon courroux me desarme les mains :
Il nous plaist de sauuer vn Complice du crime,
Nous nous contenterons d'vne seule Victime ;
Constance par son sang pourra des-alterer
Cette bruslante soif qui nous fait souspirer.
 Mais par où m'y prendray-je ? & que faudra-
  il faire
Pour ouvrir cette source à mon bien necessaire,
Sans qu'elle fasse bruit, & qu'vn Peuple mutin
Aigrisse contre moy l'esprit de Constantin ?
Ouvre-toy mon esprit, cherche, inuente, & t'em-
  ploye
Pour bastir sur ce plan le comble de ma ioye :
Fay que dans ce debris mon nom soit conserué,
Conduy bien cet ouvrage & le rends acheué.
 En voici le secret, i'en ay trouué l'adresse :
Ie surprendray l'Amant, il perdra sa Mai-
  stresse,
Elle, à ce Seruiteur que ie luy rauiray,
Imputera les maux dont ie la combleray :
Ie porteray Constance à mourir enragée,
On ne la verra plus, & ie seray vangée.
Ah ! serpent dangereux qui t'oses prendre à moy,
Tu t'emancipes trop, ta mort en fera foy :

Tu te repentiras de l'air dont tu me traites,
Tu creueras bien-tost du venin que tu jettes.
Filles,

Vne des Filles.

Auançons-nous, on nous vient d'appeller.

FAVSTE.

Ce n'est qu'à Cornelie à qui ie veux parler:
As-tu veu ton parent?

CORNELIE.

Il est ici, Madame,

FAVSTE.

Mais me veut-il seruir?

CORNELIE.

Oüy, mais il craint le blâme,
Il balançoit encor la gloire, & l'interest.

FAVSTE.

Presse, & le fay pancher du costé qui me plaist,
Haste vne heureuse crise en mon esprit malade;
Il faut que la raison bien-tost le persuade:

Fay qu'il hazarde tout afin de me sauuer,
Et s'il est resolu, qu'il me vienne trouuer.
Ie veux que l'Vniuers apres ce grand seruice,
Doute qui de nous deux sera l'Imperatrice.

SCENE IV.

CORNELIE.

O Dieux quelle faueur! ô Cieux qu'ai-je entendu!
Mon cœur dans cette ioye est encor suspendu.
Essayons de lui faire acquiter sa promesse,
Et seruons dignement cette digne Maistresse ;
Ie tiens ce qu'elle veut à moitié reüßi ;
Leonce est-il pas là ?

SCENE V.

LEONCE, CORNELIE.

LEONCE.

MAdame le voici ;

CORNELIE.

Hé bien ? me veux-tu croire, ou suivre ton caprice ?
Prens-tu parti pour Chrispe, ou pour l'Imperatrice ?
Du plomb auecque l'or fais-tu comparaison ?
Ou quittes-tu ton Sens pour suivre la Raison ?
Es-tu pour ta fortune, ou de glace, ou de flame ?
Mes auis sont-ils point passez iusqu'en ton ame ?

LEONCE.

Madame, à vos auis i'ay meurement pensé,
Mais mon Esprit encor se trouue balancé ;

J'aime ce jeune Prince, & i'ay peine à rien faire
Qui le puisse offenser, ou lui puisse déplaire;
Peut-on mieux acquerir du bien qu'en le seruant ?
N'est-il pas adoré comme vn Soleil leuant ?

CORNELIE.

Leonce, en ce discours dépourueu de Science,
On voit que la Jeunesse a peu d'experience,
Et qu'en ton aage encor nos Esprits innocens
Suiuent auec erreur le Conseil de nos Sens.
Selon les yeux du peuple, & son grossier langage,
C'est vn Soleil leuant qu'vn Prince de cet aage:
Mais comme tous les iours nous voyons arriuer
Ces Soleils sont par fois long-temps à se leuer.
Et quelquefois encor tous brillans de lumiere,
On les voit éclipser entrans dans la carriere.
Chrispe est braue et bien fait, mais on void qu'auiourd'huy
Il prend beaucoup de peine à trauailler pour lui;
Qu'il coulera du temps auant qu'il s'establisse,
Et qu'il puisse agrandir ceux qui lui font seruice.
Constantin prise fort ses exploits triomphans,
Mais il sçait bien aussi qu'il a d'autres enfans
D'vne aimable Princesse; Illustre pour la Race,
Digne pour la Vertu, charmante pour la Grace;
Qui peut plus de beaucoup que ce jeune Vainqueur,
Aiant absolument son oreille, & son cœur.

Pour

Pour acquerir des biens & de l'honneur encore,
Ce n'est pas Constantin, c'est Fauste qu'on adore;
Les charges, les emplois, & le bien et le mal
Passent par cette main, coulent par ce canal:
Elle verse aux sujets de ce puissant Empire
Ce qu'ils ont de meilleur, & ce qu'ils ont de pire.
La source est à chercher plutost que les ruisseaux,
Il faut se prendre à l'arbre, & non pas aux rameaux;
Sur tout, quand à nos yeux la Fortune se montre,
Il faut soudain tirer profit de sa rencontre:
Et qui n'est pas habile à la prendre aux cheueux,
Apres l'occasion fait d'inutiles vœux.

LEONCE.

Madame, ce discours montre mon ignorance,
Ie veux sur vos conseils fonder mon esperance,
Et ie croiray faillir auec impunité,
Seruant aueuglement vne Diuinité.

CORNELIE.

Entre donc là dedans, dis à l'Imperatrice
Que tu veux les yeux clos embrasser son seruice:
Dés l'heure, ta fortune est sans comparaison,
Tu verras les flots d'or rouler dans ta maison.
Fin du quatriesme Acte.

ARGVMENT DV CINQVIESME ACTE.

1. Fauste se resioüit dans l'attente de la perte de sa riuale qu'elle a enuoyé empoisonner. 2. Constantin se plaint de l'aigreur dont elle a rebuté Chrispe, & comme elle s'en veut excuser. 3. Lactance & Probe viennent auertir Constantin du malheur qu'ont produit des gands empoisonnez aportez à Constance. 4. Et tandis que l'Empereur va voir les deux Amans qui sont morts, Fauste se fait raconter les particularitez de cet accident; & desesperée de la mort de Chrispe, autant que piquée de jalousie pour Constance, fait resolution de mourir aussi. 5. Constantin troublé de la perte de son Fils, ordonne à Fauste de mourir; ce qu'elle fait sur le champ, s'alant plonger dans vne cuve pleine d'eau chaude. 6. Constantin touché de la main de Dieu par ces malheurs domestiques, se delibere d'accomplir les vœux qu'il a faits en deuenant Chrestien. 7. Le recit de la mort de Fauste augmente encore ses desplaisirs, & finit cette Tragedie.

ACTE V.
SCENE PREMIERE.

FAVSTE seule.

POISON subtil, Esprit de douleur & de mort,
Haste-toy de faire vn effort
Qui satisface Fauste, & punisse Constance ;
Trop long-temps à ma honte elle demeure au iour,
Et ie dois pour le moins contenter ma vengeance.
Moy qui ne dois iamais contenter mon Amour.

Son sang tout corrompu semble estre preparé
A cet effet si desiré ;

C'est d'vn monstre cruël qu'elle a receu la vie;
Mais parmi cet espoir ie crains auec raison
Que l'amour qu'elle a prise & qu'elle m'a rauie
Luy serue d'antidote, & de contre-poison.

Le beau portrait de Chrispe est graué dans son cœur,
  Et cet agreable vainqueur
Sera son Protecteur comme il est son Complice :
Mais i'y donne bon ordre en mon secret dessein ;
Car l'instrument fatal qui sert à ma iustice
Attaquera plutost sa teste que son sein.

Ah Venus ! ni l'Amour ne la sauueront pas
  Puisque i'ay iuré son trespas,
Quand ils l'enleueroient au Temple d'Amathonte :
Pour la percer à iour de mille coups mortels,
I'aborderois en Cipre, & moi-mesme à leur honte
Irois la poignarder iusques sur leurs Autels.

Tandis qu'à te vanger vn Ministre s'employe,
Eslargis-toi mon cœur, & nage dans la ioye :
Goustons auec plaisir ce mets delicieux
Dont la delicatesse est reseruée aux Dieux.
Nous sommes leurs enfans, & leur grace equitable
Permet que nous prenions vn morceau de leur table,

DE CHRISPE.

En cette occasion nous en pourrons goûter
Sans que iamais à crime on le puisse imputer.
En m'osant offenser Constance s'est perduë,
La mort qu'elle reçoit est vne peine deuë,
Ma violence est iuste & n'a rien d'inhumain,
Elle dicte l'Arrest la balance à la main.
I'ay deû donner ce coup à cet objet de haine,
Afin que de son crime elle portast la peine.
Que peut dire cet aage, ou la posterité,
Sinon qu'elle a receu ce qu'elle a merité:
Et que ce grand exemple empeschera l'audace
Qui du pouuoir supréme excite la menace?
Si Constantin se plaint, nous nous plaindrons aussi,
C'est possible desia ce qui l'amene ici.

SCENE II.

CONSTANTIN, FAVSTE.

CONSTANTIN.

VOS derniers procedez, ont bien monſtré, Madame,
Que toute femme eſt foible, & fait toûjours la femme,
Et qu'au moindre ſujet de mécontentement,
Ce ſexe imperieux s'adoucit rarement.
Mais auec tant d'excez monſtrer ſa violence,
Ne mettre point du tout mon reſpect en balance;
Et faire éclat ainſi d'vn injuſte courroux,
C'eſt vn déreglement qui n'appartient qu'à vous.
C'eſt vne émotion aueugle & temeraire,
Qui pourra bien vous nuire autant que me déplaire.
Nous y mettrons bon ordre, & vous ferons bien voir
Que qui vit ſans bonté doit viure ſans pouuoir.

FAVSTE.

Seigneur, s'il vous plaisoit d'entendre ma defence,
Possible que l'excuse amoindriroit l'offence.

CONSTANTIN.

Quand par vos actions vous osez me choquer,
Les friuoles raisons ne vous peuuent manquer :
Mon cœur qui hait à mort l'artifice & les ruses,
Veut plus de retenuë, & beaucoup moins d'excuses.
Mais pouuez-vous iamais pour aucune raison
Mettre par ces éclats du trouble en ma maison ?

FAVSTE.

Iamais en son courroux vne femme d'Auguste
Ne sçauroit éclater sur vn sujet plus iuste :
Si l'exemple est nouueau du trait de ma fureur,
L'exemple est rare aussi d'vne pareille erreur ;
Et si l'on mesuroit la peine auec l'audace,
L'attentat paroistroit plus grand que la disgrace.
Seigneur, si i'auois eu sur trois mots prononcez,
Cent foudres dans les mains ie les aurois lancez :
Deuant vos propres yeux ie l'aurois mise en cendre
Quand vous auriez esté present pour la defendre ;
L'vne a commis le crime, & l'autre l'a puni,
Constance a commencé, depuis Fauste a fini.

CONSTANTIN.

Quel estrange replique, & quelle extrauagance?
Quand ie parle de Chrispe on respond de Constance?

FAVSTE.

Seigneur, pour vostre Fils si ie l'ay mal traité,
Il n'en doit accuser que sa legereté;
Luy qu'on voit s'emporter d'vne aueugle conduite.
Et de qui le projet est à craindre en sa suite.

CONSTANTIN.

C'est vne fausse erreur qu'on lui veut imposer.

FAVSTE.

Quoy? d'adorer Constance? & vouloir l'espouser?
Ce n'est point vne erreur, on voit qu'il s'y prepare.

CONSTANTIN.

Que voulez-vous qu'il aime, vne fille barbare?
Vne Esclaue estrangere, vn objet de courroux,
Dont vn iour les enfans regneroient apres nous?

FAVSTE.

FAVSTE.

Seigneur, iamais esclaue & iamais incognuë,
Qui seroit par nos choix en son lict paruenuë,
Vint-elle du Sarmate ou du peuple noircy,
N'apporteroit en dot les maux de cette-cy.
Vous voulez receuoir en cet hymen funeste
Quelque chose de pis que la mort, que la peste;
Car c'est vn embarras à vous faire sentir
Tout ce qu'à de cuisant l'aigreur du repentir.
Licine apres cela pourroit faire son compte,
De nous combler de maux, de regret & de honte;
Mais si le Ciel nous aime, il doit faire vn effort
Pour esloigner de nous & la honte & la mort.

CONSTANTIN.

Nous verrons, nous verrons : mais qui meine
 Lactance ?

SCENE III.

CONSTANTIN, FAVSTE, LACTANCE, VN CAPITAINE DES GARDES.

LACTANCE.

SEigneur accourez, viste au cartier de Constance.

CONSTANTIN.

Que s'y passe-t'il donc?

LACTANCE.

Ah Sire ! des malheurs
Qui vous obligeront à fondre tout en pleurs.

CONSTANTIN.

C'est quelque trait de Fauste : ah méchante ! ah cruelle !

SCENE IV.

FAVSTE, CAPITAINE DES GARDES.

FAVSTE.

ARRESTE, & nous apprens quelle est cette nouuelle.

CAP.

Madame, en vn moment deux Astres de la Cour
Ont perdu pour iamais la lumiere du iour :
O que cet accident a destruit d'esperances!

FAVSTE.

Qui sont ces deux Soleils, sont-ce les deux Constances ?
L'estat en leur salut auoit grand interest.

CAP.

Voici le tout, Madame, escoutez, s'il vous plaist.

Chrispe estoit venu voir Constance dans sa chambre,
Elle auoit à la main des gans parfumez d'Ambre,
Garnis tout alentour de diamans & d'or,
Et dedans leur papier enuelopez encor ;
Voila, ç'a-t'elle dit à ce Prince adorable,
Des soins d'vn cher Parent vne marque amirable :
Voila qui dans l'estat où le sort nous a mis,
Montre que nous auons encore des Amis :
Et que si leur bonté ne manque de puissance,
Nous n'aurons pas sujet de perdre l'esperance.
Lors elle a déplié ce funeste present,
Et l'a consideré de prés en le baisant.
Chrispe comme surpris ---

FAVSTE.

Ah ! ma crainte est extréme.

CAP.

Prenant aussi les gans les a sentis de mesme :
Et comme si iamais il ne les auoit veus,
A loüé la beauté dont ils estoient pourueus.
Puis comme tout à coup esprouuant leur puissance,
En les jettant par terre, il a dit à Constance :
D'où viennent donc ces gands ? qui vous les a
   donnez ?

Ah ! ne les fentez plus, ils font empoisonnez,
Vne vapeur maligne en ma teste est montée,
O Cieux ! desia ma veuë en est debilitée :
Et desia le venin dont ie me sens surpris,
D'vn effort violent attaque mes Esprits.
  Lors foible & sans couleur, Constance a fait répōce,
Ce sont des gans, Seigneur, que m'a donné Leonce :
Et c'est de vostre part qu'il me les a rendus.
Là le Prince a repris, ah nous sommes perdus !
En ce prompt accident, vous pouuez bien cognoistre
Que quelqu'vn pour nous perdre a sceu gagner ce
  traistre :
Tout ce qu'en ce malheur ie rencontre de doux,
C'est que i'auray l'honneur de mourir prés de vous.
Pleust au Ciel que la rage en ce coup témoignée,
M'eust attaqué tout seul & vous eust espargnée :
Vous voyant éuiter vn trait si rigoureux,
Expirant à vos pieds, ie mourrois trop heureux :
Ie me contenterois seulement de la gloire
De pouuoir à iamais vivre en vostre memoire,
Nous resterons vnis, encor que separez ;
Mais vous ne parlez plus, ie meurs & vous mourez.
La Princesse abatuë à ce discours funeste,
A dit encor : Croyez -- sans acheuer le reste.
A ce mot en mourant ils se sont embrassez :

Pour marque du poison---.

FAVSTE.

C'est assez, c'est assez.

CAP.

Vn sang tout violet a couuert leur visage.

FAVSTE.

Tu m'en as trop appris, n'en dis pas dauantage :
Ie suis sur ce recit trop tendre de moitié,
Il m'auroit bien suffi d'en ouyr la moitié :
De grace laisse moy dans l'humeur sombre & noire.
Où me vient de plonger cette funeste histoire :
Heureuse dans l'excez des plus cuisans malheurs,
Si i'ay la liberté des soûpirs & des pleurs.

Ah Fauste miserable! ah Fauste infortunée!
Quel tissu de malheur forme ta destinée?
Qu'est-ce que contre toy de violence épris,
Tous les Dieux conjurez pourroient faire de pis?
Lors que tu fais perir vne ame criminelle
Tous tes contentemens perissent auec elle.

DE CHRISPE.

Et tout ce que tes yeux cognoissent de plus beau,
Auec leur seul horreur passent dans le tombeau.
O Destins! ô Venins! ô Mort! ô Violence!
Que ne laissiez-vous Chrispe en enleuant Constance.
O cholere funeste! aueuglement fatal,
Qui n'a peû separer le bien d'auec le mal,
Et qui de tout mon bien par vne erreur estrange,
Fait auec tout mon mal vn si triste mélange:
Quoy? si ie lance vn trait, ô rigoureuse loy!
Pour me percer le cœur il refléchit sur moy:
Par ce funeste trait qui ne m'a point vangée,
I'ay seruy ma Riuale & me suis outragée.
Constance a de ce mal, retiré mille biens,
Chrispe a fermé ses yeux, elle a fermé les siens,
Et serrants les liens dont Amour les assemble,
Ils ont fait leurs adieux & sont partis ensemble.
Pour rendre mon dépit & plus iuste & plus grand,
On les a veus encor s'embrasser en mourant:
En vn sang qui se glace ils conseruent des flames,
Leurs corps restent vnis aussi bien que leurs ames;
La Mort ne deffait pas ce que l'Amour a joint,
Ils quittent la lumiere & ne se quittent point:
Chrispe baise en mourant Constance qui l'adore,
Ils n'ont plus de chaleur & s'ils brûlent encore:

Leur dessein continuë au delà du trespas,
Et dans leur cœur esteint leur amour ne l'est pas.
Ah Constance! c'est trop trauerser mon enuie,
Ta mort pour me déplaire encherit sur ta vie:
Mais en dépit du Ciel, de l'Amour & du Sort,
Je m'en veux ressentir encore apres ta mort,
Ie te veux suivre encore, & chercher vne voye
Pour rompre tes plaisirs & trauerser ta ioye,
Ie veux troubler encor ton amoureux dessein,
Te porter des flambeaux & des fers dans le sein:
Et m'opposant là bas à ton Idolatrie:
Au milieu des damnez, te seruir de furie.

DE CHRISPE.

SCENE V.

CORNELIE, FAVSTE.

CORNELIE.

R'Assurez-vous, Madame, & calmez vos Esprits,
Le fidelle Leonce a failly d'estre pris :
Mais ce bon seruiteur s'est lancé dans le Tybre
Pour garder le secret & pouuoir mourir libre :
On ne l'a point reueu sur la face de l'eau,
Et du sein de ce Fleuue il a fait son tombeau.
Puis que ses yeux sont clos, si vous fermez la bouche,
En ce grand accident il n'est rien qui vous touche,
Vous pourrez tout nier auecque seureté.

FAVSTE.

Ouy, mais ie veux tout dire auec sincerité,

P

LA MORT

Croy-tu que ie souhaite vne faute impunie,
Qui fait que ie me porte vne haine infinie,
Moy-mesme à Constantin ie la veux découvrir,
I'ay merité la mort, & ie veux la souffrir.

CORNELIE.

Dieux ! voici l'Empereur, quel trouble en son visage,
Employez cet esprit à calmer cet orage.

SCENE VI.

CONSTANTIN, FAVSTE, PROBE.

CONSTANTIN.

AH perfide !

FAVSTE.

Seigneur, ne vous emportez pas.

DE CHRISPE.

CONSTANTIN.

Qu'as-tu fait de mon Fils ?

FAVSTE.

I'ay causé son trespas:
Mais l'ayant sçeu parti, i'ay fait vœu de le suivre.

CONSTANTIN.

Accomply donc ton vœu, car tu ne dois plus vivre.

FAVSTE.

Ie vais vous satisfaire à tous deux de ce pas.

CONSTANTIN.

I'appreuue ton dessein, meurs & ne tarde pas.
O Tigresse enragée! ô femme impitoyable!
Digne fille d'vn Monstre aux siecles effroyable?
Cet Arrest de ta mort est selon l'equité ;
Meurs & dépesche toy tu l'as bien merité,
Detestant hautement ta fatale alliance,
I'en atten la nouuelle auec impatience.
Va viste ton trespas ne se peut differer,
Le moment vient trop tard qui nous doit separer,
Auant ces trahisons tu deuois rendre l'ame,
I'eusse esté plutost veuf d'vne méchante femme,

P ij

Tu n'aurois rien commis qui peût choquer ta foy,
Mon Fils seroit viuant qui valoit mieux que toy,
Et ta cruelle rage, & ta maudite enuie,
Ne m'auroient point priué du suport de ma vie.
Voy d'vn impie objet l'acte le plus pieux :
Suy là, Probe, & la voy mourir deuant tes yeux,
Haste-là de subir cette iuste ordonnance,
Et reuiens me le dire auecque diligence.

CONSTANTIN seul.

Ah ! que le coup est grand dont ie suis atterré !
C'est vrayment vn effort d'vn bras démesuré,
Accablé sous le faix d'vne charge pesante,
Ie puis bien discerner la main Toute-puissante,
C'est par son mouuement que ie suis abatu,
C'est ici que sa force accable ma Vertu.
O main toute Celeste, ici ie te voy luire,
Tu viens me chastier, mais non pas me destruire :
C'est pour me r'affermir que tu choques les miens,
Ie baises de bon cœur les verges que tu tiens.
Par ces viues leçons ie deuiendray plus sage,
Le mal que ie ressens est à mon auantage.
Helas ie m'endormois d'affaires trauaillé,
Quand ce coup impreueu m'a soudain réueillé :

Sans le fidelle auis de ces choses funestes,
J'oubliois le secours de cent faueurs Celestes
Qui maintinrent mon Thrône en dépit des Tirans,
Et qui me demandoient l'honneur que ie leur rends.
Ie vous auois promis, ô Puissance supréme,
De purger mes Estats d'erreur & de blaspheme :
Ce vœu si negligé r'entre en mon souuenir,
Si ie vous l'ay promis ie vous le veux tenir ;
Les Temples des faux Dieux & leurs vaines
  Idoles
Verront en leur debris l'effet de mes paroles,
Et ie sçauray par tout où mon pouuoir a lieu
Faire à tous mes Sujets adorer le vray Dieu ;
Ce grand Dieu qui m'assiste, & qui dans ma
  souffrance
Par sa sainte faueur soustiendra ma constance,
Consolera mon cœur de sa secrette voix,
Et me fera tout vaincre à l'ombre de la Croix.

SCENE VII.

CONSTANTIN, PROBE.

CONSTANTIN.

Desja Probe revient ; Et bien cette méchante
Est-elle resoluë ?

PROBE.

Elle n'est plus vivante.

CONSTANTIN.

Quoy si tost par le feu, le fer ou le cordeau ?

PROBE.

Non Sire, elle a fini dans un bassin plein d'eau :

DE CHRISPE.

Comme elle est arriuee en la prochaine estuue
Elle mesme a donné l'eau chaude dans la cuve,
Qui par quatre canaux coulant incessamment,
A rendu ce vaisseau comblé dans vn moment;
L'eau boüillonne en fumant de son dernier suplice,
Et tandis la suberbe & triste Imperatrice
Passe dans sa ceinture vn coffre tout plein d'or,
Puis dit, ce beau metal nous doit seruir encor:
Qu'on me l'attache bien de peur qu'il se deslie,
Comme i'ay tout perdu tu me perds Cornelie:
Mais pour recompenser ton seruice & ta foy,
Ie laisse des Enfans qui prendront soin de toy.
Serre encore ces nœuds d'vne estreinte plus forte,
Cet or sera pour toy lors que ie seray morte.
Toy Probe, de ma part retourne à Constantin,
Dy luy qu'auec plaisir i'acheue mon destin,
Qu'il soit autant heureux que ie suis miserable,
Si ie meurs tout ensemble innocente & coupable;
Lors tenant le coffret serré de ses deux bras,
Elle s'est eslancee en l'eau la teste embas:
Au fonds de l'eau boüillante elle s'est abysmee,
Et l'on n'a plus rien veu dans l'espaisse fumee.

CONSTANTIN.

*Il faut qu'on la retire, & que soudainement
On la fasse sans bruit porter au monument.
Elle auoit des defauts, mais elle auoit des char-
   mes
Qui m'obligent encore à respandre des larmes.*

Fin du cinquiesme & dernier Acte de la
Mort de Chrispe.

www.ingramcontent.com/pod-product-compliance
Lightning Source LLC
Chambersburg PA
CBHW060200100426
42744CB00007B/1110